경인교육대학교 특성화사업단

C-멘토링 총서 6

뇌 발달을 위한 신체놀이

조한무 · 조성익 · 이성진 · 이효신 공저

MENTORING

학지사

머리말

네덜란드의 문화사학자 호이징가는 인간을 '놀이하는 인간'이라 규정하였다. 놀이는 있어도 되고 없어도 되는 차원이 아니라 인간이 인간답게 사는 데 반드시 있어야 할 기본 요소라 하였다. 독일의 철학자 실러는 "인간은 놀이를 즐기고 있을 때만이 완전한 인간이다."라고 하였다. 이런 말들은 인간의 삶에서 놀이가 얼마나 중요한지를 지적한 것이다. 이에 필자는 초등학교 아동들에게 즐겨 활용할 수 있는 신체 활동 놀이의 필요성을 갖게 되었다.

초등학교 시기는 스포츠 임계기다. 이 시기는 스포츠와 관련된 신체 활동 경험의 유무에 따라 성인이 되어서 스포츠를 잘하느냐 못하느냐를 결정하는 중요한 시기다. 초등체육 관계자들은 스포츠 임계기 수업시간에 활용될 신체 활동에 대한 정보를 원하고 있으나 이에 관련된 자료들이 미비하다고 말한다.

초등학교 시기는 지방세포 수가 결정되는 시기로 성인건강과 밀접한 관련이 있다. 한번 결정된 지방세포 수는 줄어들지 않고 채우려고 하는 항상성이 있어, 지방세포 수가 많은 아동은 어른이 되어서 비만인이 될 가능성이 높다. 그러므로 신체적으로 발육 발달이 왕성하게 이루어지는 초등학교 시기에 체지방세포 수의 조절을 위해 재미있고 건강에 유익한 놀이 제공의 필요성을 갖게 되었다.

아동기에 즐거운 신체 활동 경험 유무가 청소년기의 정신건강에 기여하는 바는 크다. 젠센은 극단적인 움직임 결핍은 폭력행동과 관련이 깊다고 보고했다. 신체 접촉이나 운동 같은 자극이 결핍된 아동은 두뇌에서 움직임과 쾌락과의 연결 체계가 발달되지 못하여, 두뇌의 쾌락중추와 소뇌의 연결이 제대로 이루어지지 못한 상태가 된다. 이런 아동은 즐거운 활동을 통해서 즐거움을 맛보지 못한 채 성장한다. 그렇게 될 경우에 강력한 상태를 바라는 욕구가 생길 수 있으며 그것이 곧 폭력과 같은 형태로 나타날 수 있다. 이 시기에 움직임이라는 필수 영양제가 충분히 제공될 때 정신건강에 기여할 수 있다는 점을 생각하게 되었다.

초등학교 시기는 뇌 발달이 왕성한 시기다. 아동이 지적인 일을 할 때 뇌로 공급되는 피의 양은 우리 몸의 전체 피의 양에 2% 정도 되는 데 비해 신체 활동에 참여할 때 뇌로 공급되는 피의 양은 20%나 된다고 한다. 신체 활동은 대뇌 → 몸 → 대뇌와 같이 신체를 중간에 두고 대뇌에 이중작용이 이루어져 대뇌는 보다 활성화되는 것이다. 지능 발달의 측면에서 책상 위에서 하는 공부보다 오히려 신체놀이에 열중하게 하는 편이 아동의 뇌 발달을 위해 더 효과적이다. 반복적으로 이루어지는 학습은 인지와 기억 중심으로 이루어지지만, 놀이는 확산 사고나 집중 사고 그리고 평가력 등 보다 많은 지능 인자를 자극할 수 있어 그만큼 지능 발달에 도움이 된다.

필자는 이상의 신체 활동의 놀이화 필요성을 체감하면서 38개의 신체 활동 게임을 이 책에 제시하였다. 일선 교사들이 이 자료를 토대로 더 좋은 자료, 더 교육적인 자료를 개발하기를 바라며, 이를 활용하여 아동기 신체 발달은 물론 뇌 발달에 보탬이 되길 소망한다.

이 책을 내기까지 현장 적용 가능성을 점검하기 위해 실험에 참여하신 조성익, 이성진, 이효신 선생님들께 감사를 드린다.

끝으로 이 책은 2008년 수도권 대학 특성화 지원사업의 재원을 받아 출판되었으며, 이 책이 출판될 수 있도록 도와주신 경인교육대학교 특성화사업단과 학지사 출판사 관계자 여러분께 감사의 말씀을 전한다.

2009년 2월

조한무

차례

제 2 장 뇌 발달과 게임 • 55

제 1 장

뇌 발달과 체육

1. 초등학교 학생의 특성
2. 학생의 발달과 신체 활동
3. 학생과 신체 활동의 필요성
4. 초등 체육에서 놀이의 중요성
5. 움직임과 학습의 관계
6. 체육교과로서의 움직임 교육
7. 학생의 손놀림과 사고
8. 놀이의 중요성과 뇌 발달

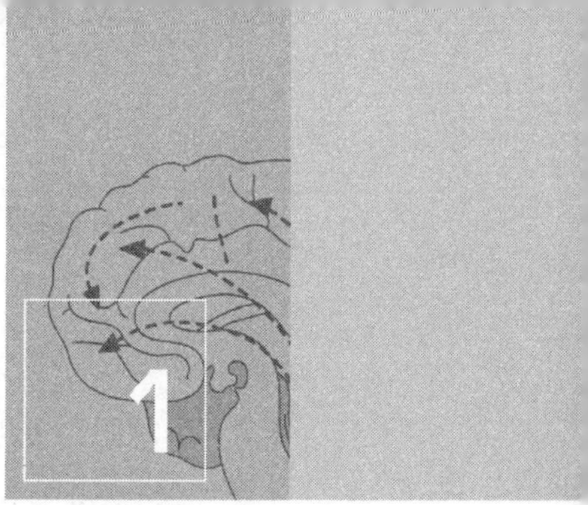

1 초등학교 학생의 특성

1 인지적 영역의 구조와 특성

1) 인지적 영역의 구조

인지적(認知的) 요인이라 하면 대체적으로 지능검사로 측정할 수 있는 요인들을 말한다. Guilford는 인지적 요인의 구조에 대하여 어떠한 일에 대한 3차원적 모형을 제시하면서 기억, 상상(想像), 사고(思考), 추리, 분석, 종합하는 등의 정신적인 작용이라고 하였다. Freeman은 ① 전체 환경에 대한 개인의 적응력 ② 학습할 수 있는 능력 ③ 추상적 사고를 수행할 수 있는 능력이라고 정의하였다. 즉, 어떤 내용을 다루느냐, 어떠한 정신적 조작을 하느냐, 그리고 그렇게 함으로써 어떠한 산출을 하느냐에 따라 120개의 요인으로 이루어진다고 하였다.

그와 같은 인지적 요인은 인간이 태어나서 성장해 감에 따라 확실히 구분되는 몇 개의 단계에 맞추어 발달한다. 그 변화의 과정은 질적인 측면으로 구분할 수 있다. 물론 발달과정에서의 개인차는 매우 심하지만 각 개인은 모두 같은 단계를 거친다.

인지적 요인의 성장에 관한 연구는 수없이 많지만, 대표적으로 Berkely의 연구를 들 수 있다. 그가 제시한 출생에서 20세에 이를 때까지 지능의 평균과 표준편차를 보면 몇 가지 두드러진 특성이 있음을 알 수 있다. 인지적 요인의 성장 곡선은 가속도의 경향이 있다. 즉, 출생하여 10세까지는 인지적 요인의 성장이 거의 직선적이지만 그 후부터는 속도가 점점 늦어져서 약 20세를 전후하여서는 점근경향(漸近傾向)을 나타낸다. 또 하나의 특징은 각 연령 단계에서의 인지적 요인의 변산도(變散度)가 연령이 증가함에 따라 점차 커진다. 이는 출생하였을 때는 개인차가 거의 없던 것이 점점 성장하면서 개인차가 현저하게 벌어지며, 20세가 되면 우수한 사람과 결함(缺陷)이 있는 사람과의 절대차가 매우 커진다는 사실을 지적한다.

Piaget는 인지적 요인의 발달 단계를 감각 동작기(sensorimotor period; 0~2세), 구상적 조작기(concrete operations period; 2~11세), 형식적 조작기(formal operations period; 12~15세)의 3단계로 크게 구분하고 있다.

태어나서 약 2세에 이르기까지의 감각 동작기에는 감각 동작이 인지적 요인의 전체를 대표하여, 유전의 영향으로 본능적 행동이 점차 복잡하고 협응된 지각 동작적 관습으로 발전한다. 이 단계는 다시 6개의 발달 단계로 세분된다. 2~11세에 완성이 되는 구상적 조작기에는 처음으로 기초적인 상징적 사고와 행동이 나타나며, 객관적이고 구상적인 사고 활동이 가능하다. 이 시기는 인지적 요인이 형성되는 가장 중요한 시기로, 전 개념 단계(the preconceptual stage; 2~4세)와 직관적 사고 단계(the intuitive thought stage; 4~7세)로 다시 세분된다.

11~12세에 시작하여 15세경에 이르면 완전한 논리적 사고가 가능해진다. 즉, 추상적인 개념과 상징의 관련을 대상으로 하는 정신적 조작이

비로소 성립된다. 그러나 15세에 형식적 조작기가 끝난다고 구분하고는 있지만 시기적으로 개인차가 많고, 사고 조작의 질에 있어서도 천차만별임을 이해해야 한다.[1)]

2) 인지적 영역의 연령별 특성

이제까지 설명한 인지적 요인의 특성과 그 발달 단계에 비추어 본다면 초등학교 학생의 인지는 그 발달 형성에서 가장 중요한 단계, 즉 구상적 조작기에 걸쳐 있고, 마지막 학년에는 인지적 요인의 최종 발달 단계인 형식적 조작기가 시작되는 때다. 그렇다면 이 시기는 현대의 체육이 인간의 인지적 요인 구성에 매우 큰 영향을 미친다고 볼 때, 체육의 입장에서 인지적 요인에 공헌할 수 있는 가장 중요한 시기다. 이 시기의 인지적 특성을 요약하면 다음과 같다.

(1) 6～8세의 학생

- 주의 집중력이 약하지만 기억력이 좋고 말이 많다.
- 상상을 하기 시작하는 단계이며, 모방을 잘하고 호기심이 강하다.
- 추상적 사고는 약하지만 직접적인 관찰이나 구체적 장면에 대한 추리는 가능하다.
- 자신이 알고 있는 바를 되풀이하고자 하며, 더 잘하려는 욕구를 갖는다.

---

1) 초등학교 학생의 특성에 관한 내용은 정성태, 강신복, 김용환(1988). 체육과교육론. 서울: 갑을출판사의 내용을 인용한 자료임.

(2) 8～10세의 학생

- 주의 집중 시간이 길어지지만 아직은 짧다.
- 지적 호기심이 강하고 창조력이 풍부하다.
- 합리적인 사고가 싹트며, 옳고 그름에 대한 판단을 한다.
- 흔히 새로운 것을 즐겨 배우고자 하지만 아직 관심의 범위가 좁다.

(3) 10～12세의 학생

- 주의 집중 시간이 비교적 길다.
- '왜' '어떻게'를 알려는 욕구가 강하고 합리적으로 사고하고자 한다.
- 스스로 계획하고 실현시키고자 한다.

2 정의적 영역의 구조와 특성

정의적 요인은 감정적 색조나 정서, 수용, 거부의 태도 등이 포함된다. 즉, 흥미 · 태도 · 동기 · 가치와 좀 더 넓게는 인성(personality) 혹은 성격이라고까지 지칭할 수 있다. 따라서 정의적 요인이란 지시적인 차원, 즉 '어디로'에 해당한다고 볼 수 있다. 그런데 여기에 포함되는 여러 가지 요인, 즉 흥미, 태도, 가치, 동기 등의 개념은 각각 명백하게 구분짓기가 어렵고, 또한 서로 밀접한 관계가 있을 뿐만 아니라 어떤 의미에서는 상호 중복된 요소를 포함하기도 한다.

이와 같은 정의적 요인의 특성은 매우 복잡하고 많지만, 정원식(1976)은 『지력과 정의의 교육』에서 다음과 같이 다섯 가지로 구분하였다.

1) 정의적 영역의 구조

(1) 추리된 과정이다.

정의적 요인은 직접 관찰할 수 없는 것으로, 어떠한 개인이나 집단의 행동을 관찰한 후에 추리하는 개념이다. 예를 들면, 럭비 선수가 게임장에서 자기 팀의 승리를 위하여 부상을 무릅쓰고 태클을 하였을 때 그 행동을 보고 추리할 수 있는 정의적 요인은 '희생적 태도'다.

(2) 방향을 결정해 주는 과정이다.

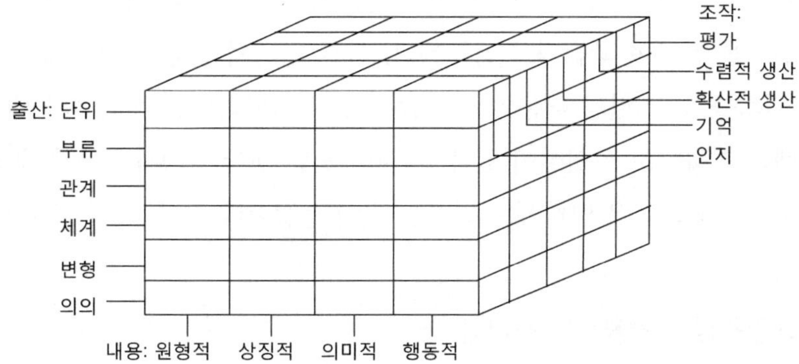

[그림 1] 지능 구조의 모형

인지적인 요인은 인간이 어느 것을 얼마나 할 수 있는가를 가늠하는 것이지만, 정의적인 요인은 어느 방향으로 갈 것인지를 결정해 주는 개념이다. 또한 환경이 여러 가지 자극에 대하여 어떠한 반응을 나타낼 것인지를 결정하도록 하므로 정의적인 요인은 선택적인 의미도 포함한 개념이라 할 수 있다.

(3) 주체와 객체와의 관계를 나타내는 개념이다.

인간과 인간을 둘러싸고 있는 사물, 어느 인간, 인간의 집단, 사상, 장소, 추리적 이념, 개념 등 환경과의 관계를 나타낸다. 즉, 인간은 그를 둘러싸고 있는 환경 요소 중에서 자기 자신이 심리적으로 분리할 수 있는 것이면 어느 것과도 정의적인 관계를 맺을 수 있다. 항상 자신의 용모에 불만인 사람은 자신의 용모에 대한 것만 심리적으로 분리하여 정의적 관계를 맺고 있는 것이다.

(4) 학습된 것이다.

유전적인 영향을 받아 생득적으로 갖고 태어나는 것이 아니라 환경과의 접촉을 통하여 학습되고 습득된다. 물론 인간의 근원적 경향에 대하여, 원죄를 갖고 있기 때문에 태어날 때부터 사악하다는 성악설과 태어날 때는 착하다는 성선설이 있다. 이것이 오랜 생활 환경과의 접촉에 의하여 선하게도 혹은 악하게도 된다는 것이 정설이다.

(5) 일관성과 안정성을 지닌다.

인간이 자신의 환경 중 어떤 것에 대하여 순간적이고 일시적인 반응을 나타내는 것을 의미하는 것이 아니라, 계속적이고 지속적이며 일관된 반응을 나타낼 때 정의적 특성이라고 할 수 있다.

2) 연령별 정의적 특성

이상과 같은 특징을 갖는 정의적 요인이 초등학교 학생들에게 어떻게 나타나는지 연령별로 구분하여 진술하면 다음과 같다.

(1) 6～8세의 학생

- 소유욕과 자기 과시욕이 강하며, 어른의 반응에 민감하다.
- 이기적이고 자기중심적이며, 책임의식과 집단의식이 약하다.
- 흥분하기 쉽고 감정이 극단에 흐르기 쉬우며, 또한 모험심이 강하고 겁이 없다.

(2) 8～10세의 학생

- 모험심과 경쟁심이 강하다.
- 집단이나 갱(gang)에 대한 소속감과 사회적 지위에 대한 의식이 생기며, 운동 기능이나 체력이 사회적 지위를 결정하는 데 중요한 역할을 한다.
- 집단의 결정에 따르며 어른의 의견보다 또래 집단의 의견을 중요시한다.

(3) 10～12세의 학생

- 운동 기능과 체력의 우세함이 집단에서 인정을 받는 중요한 지표다.
- 남을 능가하려는 욕구가 강하고, 보다 세밀한 기능에 관심이 있다.
- 책임의식이 증대되고, 집단이나 갱에 대한 충성심이 강하며, 어른들의 의견보다는 또래 집단의 의견을 중요시한다.
- 모험심이 강하고 영웅을 숭배한다.
- 흥미에서 성차가 일어나며 이성에 대한 대립의식이 증대된다. 여자는 운동을 기피하려 한다.

이와 같은 정의적 특성은 제5차 교육과정의 중요한 내용을 구성하고 있다. 특히 체육 활동이 바람직한 행동 특성을 가져다주는지에 대한 논란이 많아 체육교육의 효과를 높이는 데 정의적 특성은 반드시 교육되어야 한다.

3 심동적 영역의 구조와 특성

1) 심동적 영역의 구조

심동적 요인(psychomotor components)이란 인간이 신체의 이동을 시각적으로, 그리고 객관적으로 관측하는 데 관여하는 모든 요인에 관계되는 개념이다. 이때 육체의 움직임이 있어야 한다는 뜻이며 또한 그 움직임에 자신의 의지가 포함되어야 한다. 절벽에서 발을 잘못 디디어 떨어지는 상태를 심동적 요인으로 분석하지는 않는다. 다시 말하면 시각적 · 객관적으로 관측할 수 있는 인체의 움직임이되, 그 사람의 심리적 변인이 수반되어야 한다는 것이다. 그래서 신체 운동이라고 하지 않고 심동적 요인이라고 하는 것이다.

심동적 요인은 일반적으로 세 가지로 대별하는데, 첫째는 도구적 기계를 조작할 수 있는 조작적 요인, 둘째는 음악, 셋째는 여러 가지 스포츠를 수행하는 데 필요한 요인이다.

이 중 체육에서 다루는 것은 스포츠를 수행하는 데 필요한 요인이다. 물론 다른 두 가지와 상호 연관을 갖는 요소이기도 하다.

체육에서 다루게 되는 심동적 영역의 분류는 학생에 따라 다르지만, 일반적으로는 크게 체력, 운동 기능, 지각 운동 행동으로 구분하고, 체력은 다시 기초 체력, 체격, 운동 능력으로, 지각 운동 행동은 여러 가지 감관 기능으로 세분하며, 운동 기능 역시 여러 가지로 나누고 있다. 그리고 감관 기능, 운동 기능, 운동 능력을 운동 수행 능력으로 다시 종합한다.

또한 실제 측정의 입장에서 구분하면 [그림 2]와 같이 우선 운동 수행 능력과 체력으로 나누고, 운동 수행 능력은 협응력과 정확성의 운동 기

[그림 2] 심동적 영역의 검사를 기준으로 한 구분

능, 감각적 기능과 운동 감각 기능의 감관 기능, 민첩성 · 순발력 · 속도 · 반응 시간 · 균형성의 운동 능력으로 구분된다. 또한 체력은 신장, 체중, 체형, 자세 등을 측정하는 체격과 지구력(근지구력+호흡 순환 지구력), 근력(정적+역동적+폭발적), 유연성(확장적+역동적) 등을 측정하는 기초 체력으로 나눈다.

심동적 영역에 대한 연구는 두 차례에 걸친 세계대전 이후에 괄목할 만큼 발전하였는데, 이 중 가장 광대한 연구는 미국 제35대 케네디 대통령의 지시로 6년 동안 실시한 플라이시만의 연구다. 그의 연구 보고서에는 심동적 능력이 25개 요인으로 구분되어 있다.

2) 연령별 심동적 특성

(1) 6~8세의 학생

- 거리감이 불완전하다.
- 공간지각력이 약하다.
- 반응 시간이 늦다.
- 손과 눈의 협응력(coordination)이 매우 미약하지만 8세에 그 발달이 나타난다.
- 근육이 급격하게 발달하며 소근육군(小筋肉群)보다 대근육군(大筋肉群)이 더 발달한다.
- 심장과 폐의 발달이 신체 발달을 따르지 못하며 지구력이 약하고 피로가 쉽게 온다.
- 체중보다 신장이 많이 발달하는 시기다.
- 운동 기능은 다른 사람으로부터 인정을 받는 데 매우 중요한 요인이 된다.
- 호흡기 질환에 쉽게 감염될 수 있다.
- 속도(speed)와 정확성(accuracy)이 점차적으로 발달한다.

(2) 8~10세의 학생

- 협응 및 신체 지배 능력의 발달이 현저하다.
- 자세가 잘못 형성되기 쉬운 시기다.
- 근력의 발달이 나타나며, 특히 여자보다는 남자가 더 빠르다.
- 신체의 성장이 완만하고 소근육군(小筋肉群)의 발달이 현저하다.
- 여자의 경우 월경이 시작되고 유방이 발달하기 시작한다.
- 여러 가지 스포츠 기능이 발달하기 시작한다.
- 소근(小筋)을 이용하는 기능은 여자보다 남자가 뒤떨어진다.

- 여자가 남자보다 신장이나 체중의 발달이 일시적으로 앞선다.

(3) 10～12세의 학생

- 협응력과 자극에 대한 반응 시간이 성인에 가까워진다.
- 여러 가지 자세에 대한 습관이 형성된다.
- 급격한 신체 성장이 이루어지며 개인차가 심하다.
- 근육의 발달이 급격히 일어나지만 신장의 발달을 못 따른다.
- 여자는 대부분 사춘기가 된다.

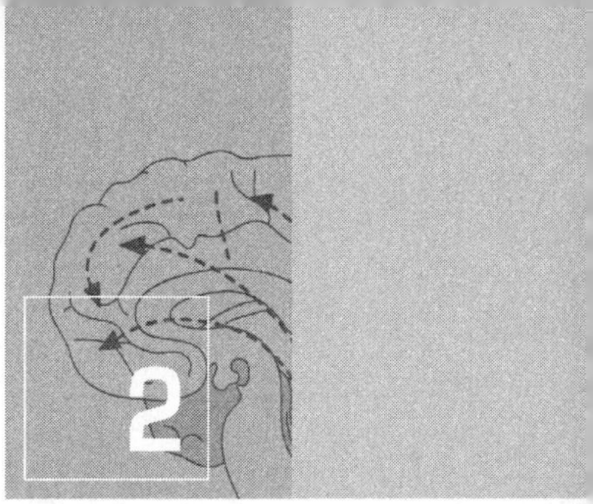

학생의 발달과 신체 활동[2)]

1 성격의 발달

초등학교 학생에게 거울이나 자신의 사진을 들여다보라고 하면, 그 학생은 즉시 그 의미를 알아차린다. 학생은 자신이 키가 크거나 작거나, 또는 체중이 많이 나가거나 적게 나가거나 하는 것을 알고 있으며, 그러한 특징 중 어떤 것은 자신을 기쁘게도 하고 어떤 것은 슬프게도 한다는 것을 알고 있다. 즉, 다른 사람에게 자신이 어떻게 보이는가를 알고 있다는 것이다.

'다른 사람에게 자신이 주는 전체적인 인상'을 성격이라고 부른다. 성격은 다른 사람에게 가하는 하나의 자극이다. 어떤 경우에는 애정과 인정을 느끼게 하는 긍정적인 것이기도 하며, 어떤 경우에는 분노와 거절

---

2) 학생의 발달과 신체 활동에 관한 내용은 정성태, 강신복, 김용환(1988). 체육과교육론. 서울: 갑을출판사의 자료를 인용함.

을 수반하는 부정적 반응을 보이기도 한다. 성격은 모든 개개의 특징들의 총화다.

만약 교사가 각 학생들이 신체적 · 정서적 · 정신적 · 사회적으로 차이가 있다는 것을 알고 있고, 모든 학생들에게 동시에 일률적인 체육 프로그램이 주어지지 않는다면 체육은 건전한 성격 형성에 도움을 줄 수 있다. 다시 말해서, 자기 자신을 목적으로 한 개별화된 인간주의적 체육 프로그램의 제공이 필요하다는 것이다. 이때 프로그램은 기본 운동 기능(basic movement skills)과 같은 것을 포함해야 하며, 그렇게 되면 학생의 신체 지각 능력 향상에도 도움을 줄 것이다.

2 성숙의 과정

출생 시 학생은 무능력한 상태다. 그러나 많은 잠재력을 소유한 존재로 태어난다. 삶의 목적은 이 잠재력을 실현시키는 데 있다. 환경은 이 과정에서 결정적 역할을 담당한다. 체육 교사는 각 개인에게 주어진 신체적 · 정신적 한계는 성장을 방해하는 '막다른 골목'이라기보다는 성취를 위한 하나의 난관으로 취급해야 한다. 이것을 염두에 둔 체육 교사만이 부모로부터 물려받은 신체적 능력에 굴복하지 않고 능력을 계발시켜 나가도록 학생에게 도움을 줄 수 있다.

하나의 생명이 탄생하기까지는 약 280일이 걸리며 유아로 자라기까지는 약 5년이 소비된다. 학생이 되기까지는 약 7년이 소요되며 청소년이 되기까지는 약 8년이 더 소요된다. 청소년이 성인이 되기 위해 필요한 기간은 정확히 예측하기가 어렵다. 각 단계별로 소요되는 시간은 생물학적 발달 비율과 정신적 · 정서적 발달 비율이 다양하기 때문에 근사치로 측정할 수밖에 없다. 신생아는 빠른 속도로 성장한다. 그러나 학생은, 성장은 물론 발달도 함께 한다. 성장은 크기의 증가이고 발달은 형체와 기능상의 변화다. 유아기에서 성인기에 이르는 신체적 발달 과정은 점진적으로 이루어진다. 각 발달 단계에 다다를 때마다 개인은 새로운 능력과 흥미를 가진 다른 사람이 된다. 그 과정에 내재된 행동 패턴을 성숙(maturation)이라고 부른다. 각 발달 단계는 성격 형성에 공헌을 한다. 성격도 '성숙'하는 것이다. 성인을 만드는 것은 역연령(chronological age)이 아니라 성숙의 이러한 특성이다.

체육이 다루는 것은 일차적으로 신체적 발달이다. 그러나 전체적으로 조화된 체육 프로그램의 목적과 목표는 정서적 · 사회적 · 정신적 발달에 공헌하는 신체 활동의 역할도 다루고 있다. 바라건대, 모든 교육의 최종 산물인 '성숙된 성인'이 되는 것이다.

3 초기 학생기

사람의 성격의 기초는 탄생 초기 3년간에 대부분 틀이 잡힌다. 어떤 정신과 의사들은 성인기에 발생하는 정서적 질환의 근원이 이 기간에 형성된다고 말하고 있다. 학생의 본능은 자기 보존 욕구에서 기능을 발휘한다. 학생의 본능은 일반적이고 원시적이기 때문에 사회적으로 용인된 목표를 향하도록 지도되어야 한다. 그렇지 않으면 성인이 된 후의 성격이 건전함이나 건강함 등과는 거리가 멀어지게 된다.

탄생 직후부터 한번 살펴보자. 성격이 어떻게 구조화되고 조직되며, 자아가 어떻게 발달되는지를 보자. 왜 초등학교 체육 교사에게 이와 같은 논의가 필요할까? 가장 중요한 이유는 그와 같은 논의를 함으로써 학생의 성격 발달에 체육 교사가 차지하는 역할을 명확하게 파악할 수 있기 때문이다. 학생이 건강한 성격을 가진 성인으로 성장, 발달하기 위해서는 신뢰, 안전, 그리고 사랑 등을 필요로 한다. 다시 말해서, 교사는 학생의 연령과 욕구에 적합한 신체 활동을 단순히 제공하는 것 이상의 보다 큰 책임을 가지고 있다는 것이다. 교사의 성격이 학생의 성격에 미치는 영향도 마찬가지로 중요하다.

초기 학생기에 학생들은 달리기, 뜀뛰기 등의 기본적 동작과 자신의 신체 이미지와 자아 이미지를 고양시키기 위해 성공적으로 행할 수 있는 신체 활동과 같은 운동을 할 수 있는 기회가 필요하다. 또한, 장애물 위나 아래를 지나가는 것과 같은 공간 지구력을 개발할 기회도 필요로 한다. 그들에게는 "누가 네 발로 걸어갈 수 있는가?" "이 상자를 넣을 수 있는 방법은 모두 몇 가지인가?"와 같이 움직임을 통하며 문제해결력을 기를 수 있는 기회도 제공되어야 한다. 그리고 즐거움도 갖고 창조적으로 놀이할 수 있는 기회도 마련되어야 한다. 다시 말하면, 학생들은 모래 위에서 놀고 싶어 할지도 모르고, 모래성을 쌓으려 할지도 모르며, 즐거움을 느낄 수 있는 그 밖의 다른 활동에 참여하고 싶어 할지도 모른다는 것이다.

4 발달의 중간 단계

네 번째 발달 단계는 본능과 정서가 사회적으로 공인된 방식으로 통합되고 조화되는 단계로서 모방, 동일시, 그리고 의식의 형성이 이루어진다.

이 시기에는 움직임 탐색을 계속하고 운동 기능을 평가하며, 달리기 게임을 제공하고 릴레이나 다른 활동을 통하여 운동 형태를 강화한다.

또한 구르기, 달리기, 뜀뛰기, 던지기 등과 같은 활동을 할 수 있는 기회를 제공해야 하며, 민속 무용과 같은 창의적인 활동을 제공하고 올바른 자세를 갖도록 하는 기회와 함께 다양한 신체 활동 속에서 도전적인 모험을 해볼 수 있어야 한다. 학생들이 각자의 운동 능력에 적합한 눈−손 협응 능력 그리고 눈−발 협응 능력을 향상시킬 수 있는 기회도 제공되어야 한다. 무엇보다도 먼저 성공에 대한 압박감이나 실패의 공포를 느끼지 않고 활동에 참가할 수 있는 기회가 폭넓게 마련되어야 한다.

5 사회화 단계

모든 형태의 삶에는 '사회화'가 포함된다. 즉, 개인이 집단에 참여하게 된다. 그러나 사춘기나 고등학교 이전 연령에서의 사회화는 하나의 발달과업이다. 사회화는 인간의 적응 현상 중에서 가장 중요한 요소 중의 하나다. 약 6~12세에 이르기까지 학생들은 집단 활동에 참여하게 되며, 이때 '자신을 알게 된다.' 그들은 부모와의 동일시를 중시하게 되고, '또래'로부터 흥미를 느끼며 인정을 얻으려고 한다. 부모로부터 점점 멀어져 가는(객관적이 되어 가는) 것과 동시에 스스로 점점 멀어져 가게(객관화되어) 된다.

학교에서 학생들은 가족 이외의 사람들과 어울리는 것을 배운다. 그들이 이전에는 태도나 느낌들을 취했으나, 이제는 그 느낌이나 태도에 개념을 접목시켜 자신의 것으로 만든다. 아마도 그 개념 중 가장 중요한 것은 자신이 다니는 학교나 살고 있는 사회에 관한 개념일 것이다. 이 시기는 학생들이 사회의 일원이 되는 시기다.

이 시기는 에너지 저장량은 적지만 활동이 많고 활발한 시기다. 식욕이 증가하고, 피로 회복 능력은 물론 질병의 회복 능력도 급격히 빨라진다. 게임, 캠핑, 하이킹, 낚시, 나무 오르기와 같은 단체 활동이 이 시기에 가장 인기 있는 활동이다. 이 활동들은 원시적 생활에서 유래된 것이기 때문에 '원시인 활동'이라고 부르기도 한다. 이 시기의 체육 활동은 평행봉, 철봉 등과 같이 섬세하지 않은 운동 협응 능력(gross motor coordination)의 욕구 및 던지기, 뜀뛰기, 그리고 달리기 등의 기본 움직임의 발달을 강조하는 활발한 활동을 할 수 있는 기회를 계속해서 제공해야 한다.

그리고 운동 기능이 부족한 친구를 도와주는 등 타인을 존중하는 마음을 기를 수 있는 기회와 긍정적인 자아 이미지를 향상시키고 운동 기술을 능숙히 발휘함으로써 친구들에게 인정받을 수 있는 기회를 제공해야 한다.

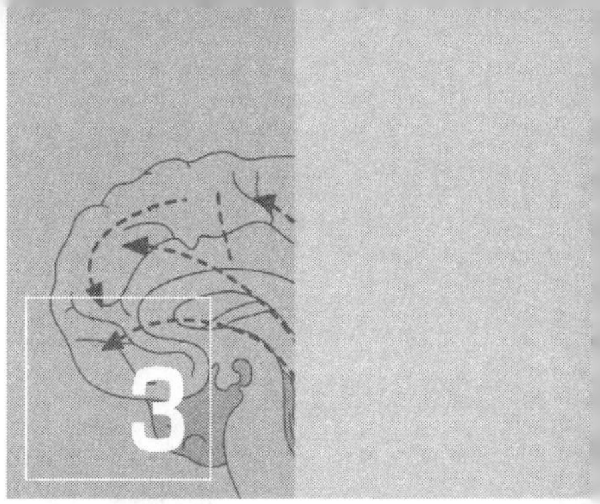

학생과 신체 활동의 필요성

1 놀이와 학생

학생은 신체 형성기에 신체적 활동과 놀이를 이용하여 성장, 발달한다. 학생기에는 미래를 위하여 튼튼한 신체적 준비를 하고, 달리기나 뛰기, 던지기 등과 같은 1차적 운동 기능들을 익히며, 앞으로의 성장과 발달을 위한 기초를 마련한다. 더욱이 학생기에는 무엇인가에 대하여 또는 자기 주변에 있는 환경에 대하여 호기심을 갖고 알고 싶어 한다.

학생들은 놀이를 통하여 많은 것들을 학습할 수 있으므로 놀이는 학생의 일이라고 할 수 있다. 또한 이 기간에 학생들의 장래 생활을 위한 기초적인 자질이 축적된다. 놀이가 이와 같은 중요한 기능을 수행하고 있으므로 체육은 초등학교 교육과정 속에서 중요한 위치를 차지하게 된다.

2 신체 활동과 건강

신체적으로 활동적인 학생은 그렇지 못한 학생보다 건강하게 지낼 수 있다.

근육, 심장, 폐, 그리고 기타 신체의 유기 조직들은 적당한 신체 활동을 통하여 발달하고 그 기능이 향상된다. 의학의 아버지라고 불리는 히포크라테스(Hippocrates)는 신체 활동과 건강관계에 대하여 "사용하는 부위는 발달하고 사용하지 않는 부위는 퇴화한다."라고 주장하였다. 건강한 신체를 가지고 있다는 것은 학생이 성장기에 운동과 신체 활동을 열심히 하였다는 것을 의미한다. 운동을 하지 않는다면 학생은 허약하고 질병에 대한 저항력이 약한 신체를 갖게 될 것이다.

3 신체 활동과 학업 성취

건강한 학생이 건강하지 않은 학생보다 학업 성취가 높다는 것을 보여주는 연구가 많이 있다. 학생들이 성장 발달 단계에서 일반적으로 획득해야 하는 신체 활동 능력을 보충해 주는 활동 경험을 제공하면, 그러한 학습 문제들 중 대부분이 해결된다고 한다. 더욱이 최소한의 체력 수준은 학업 성취를 향상시키기 위해서 반드시 필요하다는 것이 예전부터 공인되어 왔다. 만약, 어떤 학생이 허약해서 근력이나 지구력이 없다고 한다면 학교 공부에 주의 집중을 제대로 할 수 없으며, 빈번한 결석은 여러 가지 문제를 야기시킨다. 학교 공부에 성공적인 학생은 대부분의 경우

건강하고 체력이 강하다.

4 신체 활동과 사회성 발달

게임이나 그 밖의 다른 신체 활동은 사회성 발달에 도움을 준다. 학생은 다른 학생과 사귀면서 서로 존중하는 마음을 가져야 하며, 놀이 상황에서도 사회적인 경험을 하며 다른 사람을 존중하는 마음을 가져야 한다. 또한 그에 못지않게 그 중요성을 배워야 한다. 다른 학생과 상호작용을 하는 과정에서, 움직임을 통하여 자신을 표현하면서 학생은 인간과 인간관계를 이해하게 되는 것은 물론, 자신감도 갖게 된다. 더욱이 놀이를 통하여 '개인차'를 깨닫는다. 어떤 학생은 선천적인 능력을 가진 채 태어나고, 어떤 학생은 불구자이며, 또 어떤 학생은 머리가 나쁘다는 것을 알게 된다. 그러나 모든 학생은 개인차에 관계없이 자신이 생활하고 있는 세계에 각자 자기가 맡은 중요한 역할을 수행해 나갈 것이라고 기대해야 한다.

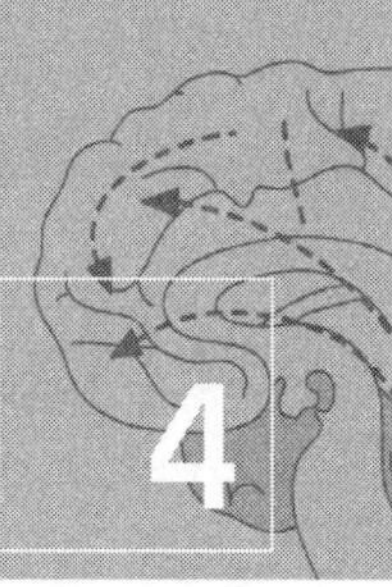

4 초등 체육에서 놀이의 중요성

초등학교 학생은 성장 발달 단계상 걷기, 달리기와 같은 이동 운동이 발전하며, 균형 감각이 좋아짐으로써 이동 활동의 보조 수단인 팔의 움직임이 원활해진다. 그런가 하면 중간 크기의 물체를 아주 잘 잡을 수 있고 팔을 완전히 흔들어 던질 수 있다. 초등학교 저학년을 벗어나면, 공을 튀길 수 있고 잡을 수 있으며 달려와 공을 찰 수가 있다. 또한 장애물을 뛰어넘어 가볍게 착지할 수 있는 뛰기 기술도 발달한다.

초등학교 학생들은 친구들과 즐겁게 놀이를 하는 중에도 게임의 초기 단계에서는 이기적이고 자기 소유욕이 강한 경향을 보인다. 그들은 소집단, 또는 친한 친구와 놀고자 하는 경향이 강하다. 이때 교사는 자기 또래와 협동하는 놀이를 제시하여 학생의 건전한 성장에 도움을 주어야 한다. 학생은 놀이를 통해 대근 활동을 경험하고 환희와 감정의 정서적인 만족감을 얻는다. 또한 놀이를 통해 움직임의 기술에 흥미를 가지게 되며 감정 조절을 익히고 놀이에 적용하는 규칙을 받아들임으로써 사회적 적응 능력을 신장시킨다. 그리고 타인의 행동을 인정하고 게임의 전략과 전술을 익히며, 게임을 하는 동안 감정 조절을 배워 자제력을 기르게 된다.

이상과 같은 놀이의 일반적 가치 외에 요즘 주목받고 있는 내용은 신체 활동과 뇌 발달의 관계다. 필자는 이 교재에서 신체 활동을 통해 학생기 뇌 발달에 도움을 줄 수 있는 34개의 신체 활동 놀이를 소개함으로써 움직임과 학습과의 관계, 체육교과로서의 움직임 교육, 학생의 손놀림과 사고, 놀이의 중요성과 뇌 발달 등에 대해서 살펴보았다.

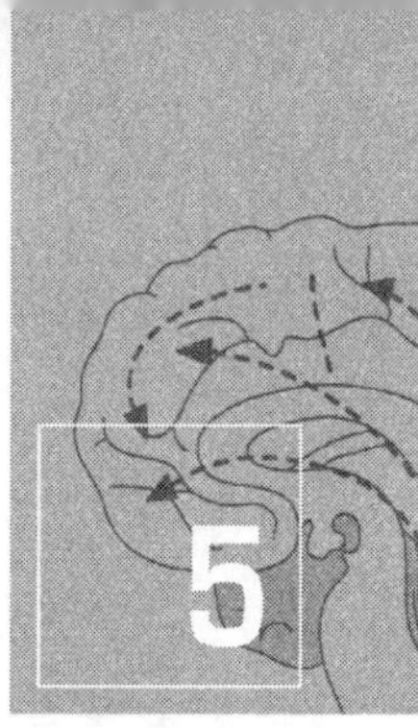

움직임과 학습의 관계[3)]

움직임과 학습의 관계에서 정신과 신체를 분리하는 이유는 피상적인 관찰에서 유래한다고 하였다. 즉, 두뇌는 머리에 있고 몸은 머리 아래에 있어서 그다지 관련이 없는 것처럼 보이기 때문이다. 그러나 흔히 움직임과 관련된 부위로 일컬어지는 소뇌가 인지 활동의 중요한 배전반(switchboard)이라면 어떻게 될까?

정신과 신체가 관련되어 있다는 최초의 증거는, 이미 수십 년 전에 Leiner에 의해 제시되었다. Leiner의 연구에서 이루어진 중요한 발견은 다음과 같다. 첫째, 소뇌의 크기는 두뇌 전체의 1/10에 불과하지만 소뇌에는 두뇌에 있는 모든 뉴런의 반 이상이 있다. 둘째, 소뇌에는 약 4천만 개의 신경섬유가 있는데, 이것은 아주 복잡한 시각 통로보다 40배나 더 많은 것으로서 그런 신경섬유를 통해 정보가 피질에서 소뇌로 전달될 뿐만 아니라, 소뇌로부터 피질로도 전달된다. 그리고 소뇌가 움직임 기능

---

3) 움직임과 학습의 관계에 대한 내용은 김유미(2002). 두뇌를 알고 가르치자. 서울: 학지사의 내용을 인용함.

을 위해서만 존재한다면, 왜 그런 연결이 두뇌의 모든 영역에 걸쳐 쌍방으로 그렇게 많이 분포되어 있을까? 이런 발견은, 오랫동안 자세, 조정, 균형 및 움직임만을 담당하는 것으로 알려진 소뇌가 우리 두뇌에서 밝혀지지 않은 엄청난 부분일 수도 있음을 시사해 준다.

과거에는 소뇌의 주요 역할이 대뇌로부터 받은 신호를 처리하여 동작피질에 보내는 정도로만 생각하였다. 바로 이 부분, 즉 신호가 동작 피질로만 간다고 가정한 부분에서 오류를 발견할 수 있다. 신호들은 동작피질로만 가지 않는다(Richardson, 1996). 두뇌의 모든 영역과 소뇌 사이에 이루어지는 움직임과 학습의 주요 통로를 살펴보면 다음 [그림 3]과 같다.

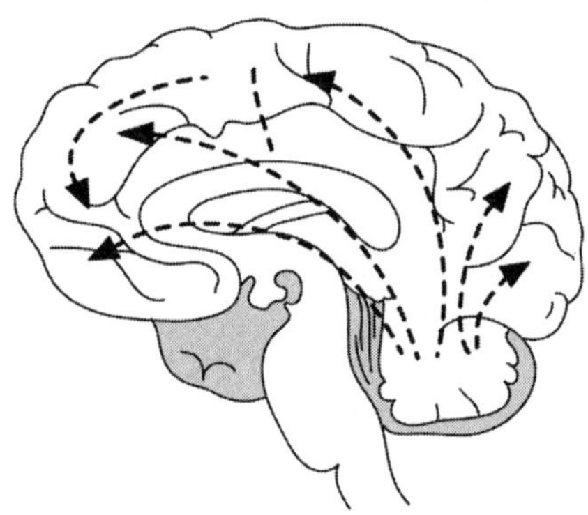

[그림 3] 두뇌의 모든 영역과 소뇌 사이에 이루어지는 움직임과 학습의 주요 통로

또한 소뇌에서 정보가 피질로 가기 전에 마지막으로 처리되는 곳이 바로 치상핵인데, 대부분의 포유동물에는 치상핵이 없으며 가장 높은 학습능력을 지닌 영장류의 치상핵이 가장 크다. 특히 더 작은 부위인 신치상핵은 인간에게만 존재하는데, 이 부위가 사고를 하는 데 중요한 역할을 할 가능성이 있다.

Dow(Richardson, 1996)는 이러한 가능성을 확인한 최초의 학자다. 그는 소뇌가 손상된 환자가 인지 기능이 손상되었다고 발표하였다. Courchesne(Richardson, 1996)도 자폐증이 소뇌의 결함과 관련될 가능성을 언급하였다. Courchesne은 뇌 영상 연구에서 자폐아의 소뇌가 더 작고 뉴런 수도 더 적다는 것을 발견하였다. 또한 소뇌의 결함이 한 과제로부터 다른 과제로 관심을 빨리 바꾸는 능력과 관련되어 있음을 지적하면서, 투입되는 많은 자료를 소뇌가 정교하게 여과하고 통합하여 복잡한 의사 결정이 가능해진다고 주장하였다.

최근에 소뇌와 관련하여 이루어진 가장 매력적인 심포지엄은 Thatch가 주관한 1995년 신경과학협회 연차대회였다. 심포지엄의 주제는 '소뇌가 인지에 미치는 구체적인 역할은 무엇인가?'였고, 그때 논의된 약 80편의 연구에서는 소뇌가 기억, 공간지각, 언어, 주의 집중, 정서, 비언어적 단서 및 의사 결정과 밀접한 관련이 있음을 시사하였다.

한편, Strick은 소뇌로부터 기억, 주의 집중 및 공간지각과 관련된 두뇌 부위로 가는 통로를 추적한 결과, 움직임을 처리하는 두뇌 부위가 학습을 처리하는 두뇌 부위와 일치함을 발견하였다. 이처럼 우리 두뇌에는 단 하나의 '움직임 센터'가 존재하는 것이 아니라, 여러 부위가 움직임을 조절하는 데 관여한다. 움직임을 담당하는 [그림 4]의 두뇌 부위들은 학습과 관련되어 있다.

특히 전대상(anterior cingulate)으로 알려진 부위는 새로운 움직임을 하거나 새로운 결합이 이루어질 때 활성화된다. 바로 이 부위가 어떤 움직임을 학습과 연결시키는 것 같다. 껌을 씹는 것과 같이 간단한 움직임은 척수 주변에 있는 기초적인 두뇌 회로의 통제를 받지만, 무용에서의 스텝, 공 던지기, 실험도구 다루기와 같이 복잡한 움직임은 다른 부위의 통제를 받는다. 간단한 움직임은 기저핵이나 소뇌와 같이 피질 아래 부분이 통제하지만, 새로운 움직임을 할 때에는 의존할 만한 기억이 없기 때

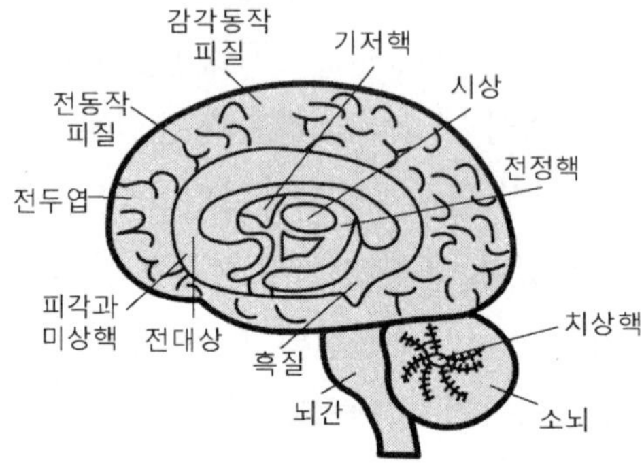

[그림 4] 학습과 관련되는 뇌부위

문에 두뇌의 주처리 부위가 바뀌게 된다. 이때 전두피질과 전두엽의 뒤쪽 2/3, 특히 후측 전두엽이 처리한다. 그런데 이 부위는 새로운 것을 학습하고 행동으로 옮기기 위해 계열화할 때와 문제해결을 할 때 및 계획을 세울 때 이용되는 부위기도 하다.

지금까지 살펴본 소뇌 관련 연구들을 요약하여 보면 첫째, 소뇌에는 두뇌 전체에 있는 뉴런의 반 이상이 있고 둘째, 4천만 개나 되는 신경섬유를 통해 피질-소뇌 간에 정보 교류가 쌍방으로 활발하게 이루어지고 있고, 그중 소뇌에서 피질로 가는 정보가 더 많으며 셋째, 소뇌에 있는 치상핵 특히 신치상핵이 인지 기능에 중요한 역할을 할 것이라는 가능성이 점차 확인되고 있고 마지막으로, 두뇌에는 단 하나의 '움직임 센터'가 존재하는 것이 아니라 두뇌 전체에 고루 분포되어 있으며, 이런 부위들이 곧 인지 기능을 담당하는 부위와 일치한다는 것이다(김유미, 2000). 이와 같이 소뇌 관련 연구들에 비추어 볼 때, 움직임과 학습은 끊임없이 상호작용하리라는 것을 짐작할 수 있다.

움직임은 학습에 얼마나 중요한가? 움직임을 통해 두뇌에 있는 신경망의 수초가 증가함으로써 신경 전달 속도가 빨라지고 신경섬유를 보호해 준다. 이처럼 신경망이 활성화될수록 수초가 증가하고, 그렇게 됨으로써 학습이 정교화하는 데 필요한 정보망이 형성된다. 결국, 학생이 몸을 움직임으로써 신경세포망이 생성되고, 신경세포망이 증가할수록 두뇌에서 이루어지는 지적과정은 더욱 고도화된다.

이 외에도 움직임은 근육, 심장, 허파, 뼈를 튼튼하게 할 뿐만 아니라 기저핵, 소뇌 및 뇌량, 즉 두뇌의 모든 주요 부위를 강하게 하고, 두뇌에 산소를 공급해 주며, 뉴런의 성장을 촉진하고 뉴런 간의 더 많은 연결을 촉진하는 BDNF(Brain－derived neurotrophic factor)를 분비하는 것으로 나타났다. 이렇게 분비되는 물질은 뉴런이 서로 의사소통하는 능력을 향상시킴으로써 인지 기능을 증진시킨다.

실제로 말을 하는 것도 얼굴에 있는 모든 자기 수용 감각뿐만 아니라 얼굴, 혀, 발성기관 및 눈에 있는 수백만 개의 소근육이 협응해야 하는 감각 동작 기능이다. 말을 함으로써 우리는 우리의 사고를 조직화하고 정교화한다.

또 글을 쓸 때에도 손을 움직이게 되므로 사고와 움직임이 연결되어서 한 번 썼던 글은 다시 읽지 않아도 기억할 수 있는데, 그것은 움직임이 그 자체로서 사고를 기억하는 데 중요한 역할을 하기 때문이다. 모든 수와 글자를 쓸 때에도 나름대로 관련된 움직임이 있다. 수와 글자의 모양이 근육에 감지되고 각인되어 있어서 어떤 글자를 쓰고자 할 때에는 언제나 그 글자와 관련된 움직임을 반복할 수 있다. 우리가 공부한 것을 말로 표현할 때, 근육의 움직임을 통해 공부한 내용이 신경망에 내면화되고 공고해진다. 이런 근거에 비추어 볼 때, 새로운 내용을 학생들에게 제시한 후 자기 짝과 새로운 정보에 대해 서로 이야기를 나누도록 하는 것은 아주 좋은 방법이다. 왜냐하면 말을 하는 도중에 아세틸콜린이 활성화된 뉴런의 시냅스를 지나 근육의 움직임이 이루어지도록 자극하기 때문이다. 이런 신경종말에서 아세틸콜린이 계속 분비될 경우 그 부분의 수상돌기를 자극하여 그것들이 자라게 되고, 나아가 신경망이 증가하게 된다.

한편, Hannaford(1995)는 내이의 세반고리관과 전정핵이 움직임에 대한 정보를 모으고 피드백을 하는 근원이라고 설명하였다. 이런 임펄스는 신경회로를 따라 소뇌로부터 시각계와 감각피질을 포함한 두뇌의 나머지 부위로 오간다. 전정핵은 철저히 소뇌의 조절을 받으며, 뇌간의 위 부분에 있는 망상활성화체계를 활성화시키기도 한다. RAS는 우리의 주의집중체계에 중요한 역할을 하는데, 그 까닭은 이 부위가 투입되는 감각자료를 조절하기 때문이다. 이러한 상호작용으로 우리는 균형을 유지하고 사고를 행동으로 전환하며 움직임을 조정하게 된다. 그것은 바로 그네타기, 구르기, 뛰기 등과 같이 내이의 작용을 자극하는 운동장에서의 게임이 중요한 이유다. 움직임의 이점은 초등학교에서 끝나는 것이 아니라 중등학교와 그 이후까지 계속된다(Jensen, 1996; 1998c).

유네스코의 연구에서는 3~17세 사이의 미국 도시 학생들에게서 신체활동의 약 75% 정도가 감소하였음을 지적하고 있다. 사실, 연구 대상 학교에서는 교육과정에 주지 교과를 더 넣기 위해 학교에서 신체 활동을 거의 없애버린 것이다. 그런데 이들 학교에서는 자기 조절 능력의 부재, 과행동성, 주의 산만, 학습 부진 등이 현저하게 증가하였다. 이러한 사실은 학업 성취의 저하가 학교에서의 체육시간 감소, 가정에서의 텔레비전 등장, 운동 감소 등과 직접적인 상관이 있음을 말해 주고 있다. 또한 캐나다의 한 연구에서는 매일 1시간씩 체조를 한 학생들의 시험 점수가 체조를 하지 않은 학생들의 시험 점수보다 더 높은 것으로 나타났으며, 또 다른 연구에서는 50대와 60대 성인들이 4개월 동안 규칙적으로 가볍게 걷는 유산소 운동을 한 결과, 움직임이 두뇌 성장을 촉진시킬 뿐만 아니라, 노인의 퇴화를 예방해 준다는 것을 발견하였다.

그러면 발달과정에서 초기의 움직임이 얼마나 중요한가? 극단적인 움직임 결핍은 폭력과도 관련될 수 있다(Jensen, 1996). 접촉이나 신체 활동 같은 자극이 결핍된 학생은, 두뇌에서 움직임－쾌락의 연결이 발달하지 못하여 두뇌의 쾌락중추와 소뇌가 제대로 연결되지 않는다. 그런 아이들은 즐거운 활동을 하는 평범한 채널을 통해서 즐거움을 맛보지 못한 채 자랄 수도 있다. 그렇게 될 경우 강력한 상태를 바라는 욕구가 생길 수 있으며 그것이 곧 폭력과 같은 형태로 나타날 수도 있다. 그들에게 움직임이라는 필수 영양제가 충분히 제공될 때에는 잘 자라겠지만, 그렇지 못할 경우에는 문제가 발생할 수 있다.

이제 움직임이 학습에 미치는 영향을 정리해 보면, 움직임은 신경망 발달에 기여하고, 학습 내용을 신경망에 내면화하고 공고화하며, 뇌의 작용을 자극하는 데 기여할 뿐만 아니라, 초등학교 시기는 물론이고 평생 인지 기능 발달에 기여한다는 것을 알 수 있다. 그럼에도 불구하고 오늘날의 학교에서는 움직일 기회를 충분히 제공하지 못하고 있으며, 이로 인해 주의 산만, 과행동, 심지어 폭력과 같은 부정적인 결과까지 초래할 수 있다.

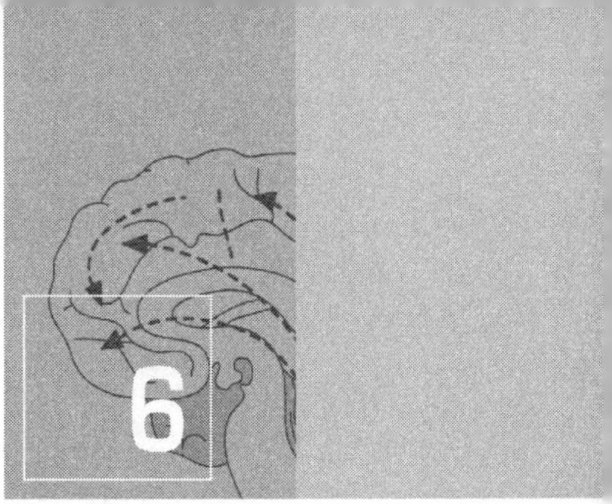

6 체육교과로서의 움직임 교육

앞에서 논의한 움직임의 인지신경과학적 근거에 비추어 보면, 초등학교에서 움직임 교육의 가치는 아무리 강조해도 지나치지 않다. 이러한 움직임 교육은 비단 인생 초기에만 유익한 것이 아니라 평생에 걸쳐 운동 기능은 물론이고 정서와 인지 기능 발달에도 기여한다고 볼 수 있다. 여기에서는 체육교과로서의 움직임 교육, 타교과에서의 움직임 교육 및 교육과정 외에서의 움직임 교육으로 나누어 살펴보기로 한다.

체육교과로서의 움직임 교육은 움직임을 위한 교육과 움직임을 통한 교육을 모두 포함하며, 그 어느 쪽도 소홀히 하지 않고 고루 강조되어야 한다. 그러나 여기에서는 움직임을 통한 교육, 즉 움직임을 통한 두뇌 계발에 관심을 두기로 한다.

최근 캐나다에서 이루어진 Vanves와 Blanshard 프로젝트에서는, 학교의 전체 시간표에서 체육시간이 1/3로 증가하면 학업 점수가 증가한다고 제시하였다(Jensen, 1996). 그것은 운동만으로도 빠른 아드레날린-노르아드레날린 반응이 일어나고 빨리 회복되도록 작용하며, 몸으로 직접

해 봄으로써 두뇌가 도전에 민첩하게 반응할 수 있도록 준비가 잘 되기 때문이다.

그런데 요즈음 우리나라 학생들은 어느 시대 어느 사회의 학생들보다 입시에 대한 심리적 압박을 강하게 받고 있고, 이로 인해 노르아드레날린이나 코르티솔과 같은 신경 전달 물질이 과잉 분비될 수 있다. 이들이 적절한 운동을 통하여 과다 축적된 노르아드레날린이나 코르티솔을 적절하게 소모하지 못할 경우에는 정서적 · 인지적 부작용뿐만 아니라, 여러 가지 신체적 부작용도 일어날 수 있다. 따라서 체육시간에 운동을 통해 즐거움을 느끼고 과잉 에너지를 방출하며 스트레스를 줄이는 것은 신체 자체를 위해서는 물론이고 두뇌와 학습을 위해서도 적절한 방법이다.

이러한 사실에 비추어 보면, 체육교과를 주지 교과와 상치되는 교과로 생각하던 기존의 견해가 많은 오류를 내포하고 있음을 알 수 있다. 실제로 시간표에서 주지 교과를 증가시키기 위해 체육교과를 줄인 학교가 지적인 측면에서도 실패했음은 이미 앞에서도 지적한 바 있다. 이것은 현재 체육교과에서 움직임을 위한 교육에만 그치지 않고 움직임을 통한 교육까지 지향하고 있는 것이 너무도 당연함을 새삼 강조해 주는 것이다. 그럼에도 불구하고 입시 위주의 교육이 이루어지고 있는 우리의 학교 현장에서는 체육교과를 '주변적인 교과'로 인식하거나 체육시간을 '자습시간'으로 이용하는 것을 흔히 볼 수 있으며, 중등학교에 이르러서는 그러한 현상이 더욱 심각하다. 따라서 교사, 교육 행정가, 학부모들의 체육교과에 대한 인식 전환이 필요하다. 교사들은 체육교육의 내실화를 기하기 위해 체육교육과정을 숙지하고 이를 수업장면에서 충실히 구현하기 위해 노력해야 할 것이며, 교육 행정가들은 체육교육과정이 내실 있게 운영될 수 있도록 행 · 재정적 지원을 배가해야 할 것이다.

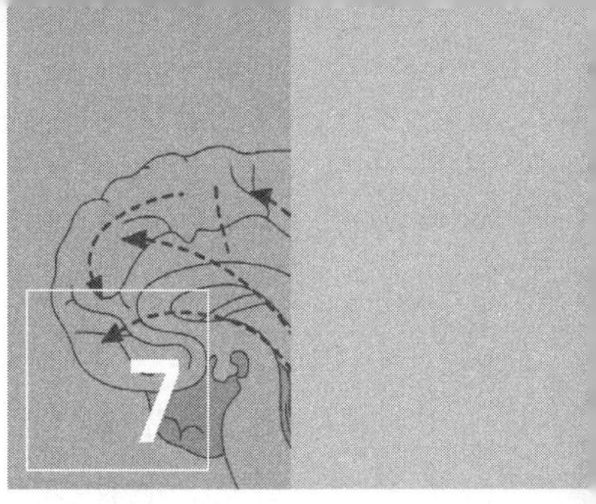

학생의 손놀림과 사고

발도르프 교육의 가장 중요한 관심은[4] 육체, 마음 그리고 정신의 건강한 형성에 있다. 오늘날은 지적인 노동이 더 중요해지고 손으로 하는 노동은 점점 더 줄어들고 있다. 건강한 동작을 하는 훈련의 가능성은 점점 드물어지고, 기계를 이해할 수 없으며 감각적 인식 능력이 점차 손상되어 가고 있다.

칸트가 말한 바와 같이, 손은 밖으로 나온 인간의 뇌와 같다. 어린아이는 먼저 걷기를 배우고 그런 다음 말하기와 생각하기를 배운다. 첫 번째 경험은 무의식에서 이루어진다. 어린아이는 감각과 행동으로 주위를 파악하기 시작하며 손으로 만져서 시험할 수 있는 것만을 알 수 있다. 이로써 최초의 개념이 형성된다.

어린 아이는 초기에 자신에게 다가오는 모든 것을 흉내 내면서 배우기 시작한다. 그렇기 때문에 이성적이고 사랑이 가득한 행동을 경험해야 한

---

4) 루돌프 슈타이너 교육예술협회, 발도르프교육(스위스 제네바에서 열린 제44차 유네스코 국제교육회의 결정에 따라 출간된 교육자료), pp. 28－29에서 인용한 자료임.

다. 학교에 다니는 시기에는 자신이 좋아하는 교사를 통해 세상으로 이끌려 나온다.

아이는 자신의 능력이 완전해지기를 원한다. 그렇기 때문에 연습은 아주 중요하다. 청소년기에는 세상에 대한 첫 번째 판단관계를 갖게 되며, 청소년기 아이들은 놀이로부터 일하는 방법을 발견한다.

아이는 자신의 활동을 통하여 타고난 원시적인 본능과 동작을 극복하고, 이로써 섬세하고 의도된 동작들이 자리 잡는다. 아이는 놀이를 통하여 동작의 무의식적인 관념을 얻는다. 이와 동시에 신경체계의 섬세한 조직이 발달하게 된다. 말하기의 발달은 능숙한 손가락 운동에 달려 있다. 손가락 놀림의 상태에 따라 말하기의 발달 정도를 알 수 있다.

많은 발도르프 학교들은 이러한 방법을 쓰고 있다. 더구나 발도르프 유치원과 발도르프 학교의 저학년에서는 손가락 놀이에 대하여 중요한 의미를 두고 있다. 유치원 교사들은 아이들과 함께 주로 짧은 시를 대상으로 하여 리듬이 있는 손가락 놀이를 한다. 교사는 아이들과 함께 그들이 스스로 신체에 익숙해질 수 있도록 계속 연습한다. 곱셈을 하거나 문자를 공부할 때 리듬이 있는 걸음걸이나 박수를 치면서 진행한다. 리듬 있는 걸음걸이를 하면서 시를 공부한다. 그림 그리기는 저학년 때부터 예술적인 감각은 물론 손가락 놀림의 능숙함을 발달시킨다.

이러한 것들은 다른 과목에서도 계속 하고 있다. 이미 발도르프 학교에서는 저학년부터 학생들에게 피리를 가르친다. 학생들이 피리를 잘 불기 위해서는 자신의 손가락을 잘 이용해야 한다. 이때 학생은 교사가 하는 동작을 잘 관찰하고 자신의 소리를 잘 들어야 한다. 또한 발도르프 학교의 모든 학생들은 수공예 수업시간에 뜨개질이나 바느질을 배운다. 이때 만들어진 물건들은 실생활에서 쓸 수 있어야 한다. 예를 들어, 책상닦개, 남방셔츠, 신발 들을 들 수 있다. 모든 것은 쓸모 있는 것이어야 하고 동시에 예술적으로 만들어져야 한다.

이렇게 발도르프 학교에서는 1919년 이래로 능숙한 손가락 놀림을 통하여 습득하고, 그것은 다시 학생의 생각을 늘 활기 있게 만들고 있다.

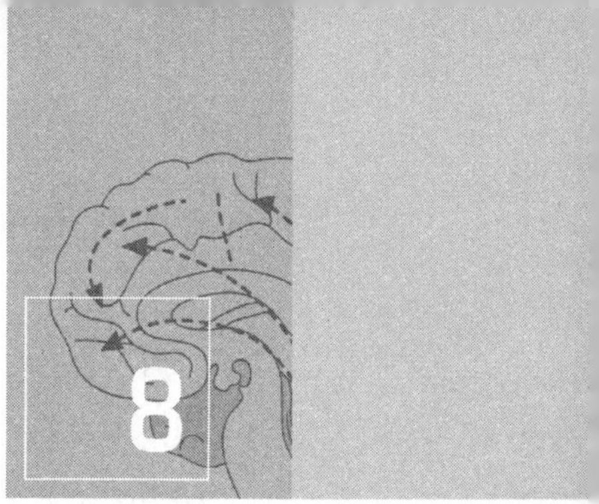

8 놀이의 중요성과 뇌 발달

단위학교에서의 다양한 교과 활동 가운데 체육시간은 학생들이 가장 좋아하는 과목 중의 하나다. 체육교과서에 나오는 활동 영역은 체조 활동, 육상 활동, 표현 활동, 체력 활동, 게임 활동, 보건 등으로 나누어져 있다. 여기서 중요한 것은 각 영역별 활동이 성인 스포츠 종목의 축소판으로, 학생의 흥미나 즐거움과 연관 지어 실시되지 못하고 있다는 것이다. 각 운동 종목의 축소판을 학생들이 배우고 있을 뿐 신체 활동 자체를 통한 즐거움과 흥미를 얻기에는 부족한 부분이 많다는 점을 일선교사들은 공감하고 있다.

이러한 부분을 개선할 수 있는 활동으로 놀이 활동을 학생들에게 실시할 수 있다. 학생하면 놀이를 생각할 정도로 놀이는 학생에게 중요하다. 학생들은 놀이로 하루를 보낼 만큼 계속적으로 놀이 활동에 참여하고 있다. 집이나 학교에서 보면 그 활동들이 무가치한 것처럼 보이고 시간 낭비, 에너지 낭비인 것 같은 생각이 들지만 어떠한 놀이도 무가치한 것은 없다. 놀이는 학생기에 하나의 학습도구가 된다.

학생들은 신체적 · 지적 · 정서적 · 사회적으로 많은 발달을 하게 되는데, 이 모든 발달의 도구로서 놀이가 사용되며 또한 가장 좋은 도구다. 여기에 놀이의 가치가 있는 것이다. 학생기에서 놀이는 빠질 수 없는 아주 중요한 부분이 되며 그들의 생활 전체가 된다. 따라서 학생을 위하여 가장 중요한 것은 놀이에 대한 학생의 욕구를 파악하고 주위와 자기 자신의 발견에 대해서 끊임없이 탐구하는 학생을 위하여 필수적인 놀이가 어떤 것인지 알고, 그들이 즐길 수 있도록 준비해 주며 자극해 주는 교사의 도움이 필요한 것이다. 본 교재는 학생의 성장 발달 중에서 특히 뇌 발달에 초점을 두어 제작하였다.

학생은 놀이에서 생각을 가져오며 놀이는 학생의 학습 방법이기 때문에 놀이를 통해 학생은 많은 것을 배우고 지적으로 발달한다. 이 시기의 지능은 환경에 따라 크게 좌우된다. 특히 지적 발달은 학생의 놀이, 즉 환경적 요소인 학습의 기회와 놀이의 다양성에 영향을 받으므로 학생기에서 놀이를 통한 지적 발달은 괄목할 만한 것이다. 그러므로 학생에게 놀이는 필수불가결한 요소라 할 수 있다.

놀이의 필요성에 대해서는 일찍부터 많은 학자들이 강조해 왔고, 학생들의 여러 가지 심리적인 특성이 밝혀지고 학생교육에 대한 논의가 대두됨에 따라 놀이에 관한 연구도 활발히 일어났다. 놀이의 개념을 정의하려는 시도는 많았으나, 모든 사람이 합의할 수 있는 정의를 내리기는 어렵다. 따라서 학자들마다 관점에 따라 다각적인 견해를 피력하고 있다. 우선 여러 학자들의 견해를 살펴보면 다음과 같다.

Piaget는 "놀이가 인간 사고 발달의 필연적인 산물이라고 보며 학생이 환경과의 상호작용을 이루어 나가는 초보적인 형태가 놀이다."(Piaget, 1962)라고 하였다. 또한 Freud는 "모든 행동에는 동기가 있고 놀이는 우연한 사건이 아니라 개인의 감정과 정서에 의해 결정된다."(Millar, 1960)라고 하였다.

Froebel(1887)은 학생의 독특함과 개성을 인정하면서, 그러한 것들이 놀이 활동을 통해 개화될 수 있다고 보았다. 그는 놀이를 아이들의 가장 고귀하고 순결한 활동이며, 동시에 모든 인간이나 대상들 속에 잠재하고 있는 자연성의 발로라고 말하였다. 그러므로 놀이는 세상에 즐거움 · 자유 · 만족 · 휴식 · 평화를 준다. 놀이는 선의 모든 원천이기도 하다. 신체가 피곤해질 때까지 놀이 활동에 몰입하는 학생은 자신 및 타인의 복지 증진을 위해 헌신할 수 있는 사려 깊고 확고부동한 사람이 될 수 있다.

Neumann(1971)은 놀이가 외형적인 것에 영향을 받지 않으며 내면 만족이 중요한 내적 동기에서 우러나오는 것이라고 하였다.

Bruner(1975)는 놀이를 어린 시절의 본질이라고 보았다. 유아기에 아무렇게나 하는 놀이는 유아들이 최초로 당면하는 과제일 뿐 아니라, 성인이 된 다음에 능력을 좌우하는 필수적 요소이며, 뒷날 직면하게 될 문제해결 및 창의력을 위한 경험을 준다고 하였다.

놀이는 학생의 신체 발달에 특히 영향을 주는데, 다양한 동작 활동은 학생의 신체적 발달을 촉진한다. 걷기, 달리기, 높이뛰기 등의 큰 근육 운동을 도모하는 동작, 사물을 쥐고 잡는 미세 근육 운동의 동작, 눈과 손의 협응 그리고 날아오는 공을 추적하여 잡는 시각적 추적 능력 등의 신체적 기술을 발달시킨다. 학생기 동작교육의 중요성은 신체 기능을 충분히 발휘할 수 있고, 무엇보다 자신의 신체를 움직여 조절할 수 있는 능력에 자신감을 키우며, 자연스러운 자기 표현 능력의 가능성을 획득하도록 하여 자기 확신감과 즐거움의 기회를 제공해 준다는 점이다. 즉, 놀이는 신체 활동을 통해서 각 발달 영역을 도모함으로써 학생의 전체적 발달을 이루는 기초적 경험이 된다고 할 수 있다.

놀이를 통한 신체 활동은 뇌 발달과 연합되어 자발적 운동이 증가하게 된다. 뇌 신경과 근육 조직의 발달은 운동 기능의 발달에 관계한다. 학생은 신체 움직임을 통해 자신의 신체적 이미지를 형성하며, 신체 인지는 자아 형성에 영향을 주므로 건강한 신체와 운동 능력의 발달은 중요하다(정정옥, 2003).

반복 운동은 시냅스(신경섬유와 뇌 세포 사이에서 정보 전달을 하는 스위치 역할을 함)를 우수한 시냅스로 바꾸는 구실을 한다. 1개의 신경세포는 많은 시냅스를 갖고 있다. 그리고 시냅스가 활성화되면 당연히 대뇌의 회전력이 좋아진다. 시냅스를 만들지 못하면 네트워크를 구축할 수 없다. 시냅스는 임신 2개월부터 만들어지기 시작하는데 이 무렵부터 신경세포에서 축색이 자라기 시작하고, 다른 신경세포와의 사이에 시냅스를 부지런히 만들어서 3세 정도까지 네트워크를 거의 완성한다.

대뇌의 발달기에 신체 활동을 하면 좋은 자극이 대뇌에 주어지므로 신체 활동을 하지 않은 유아보다 뇌의 활성화가 왕성해져서 매우 좋은 효과를 얻는다. 신체 활동은 '대뇌 → 몸 → 대뇌'와 같이 신체를 중간에 두고 대뇌에 이중 작용을 줌으로써 대뇌가 보다 활성화되는 것이다.

지능 발달의 측면에서 보면 책상 위에서 하는 공부보다 오히려 놀이에 열중하는 편이 학생의 발달을 위해서 더 효과적이다. 반복적 혹은 연습적인 학습은 인지와 기억 중심으로 이루어지지만, 놀이는 확산 사고나 집중 사고 그리고 평가력 등 보다 많은 지능 인자를 자극하기 때문에 그만큼 지능 발달에 효과적이다. 그러므로 공부를 시키면 어느 정도 지식은 습득할 수 있지만, 지식 주입만으로 지능이 향상되는 것은 아니다. 좀 더 넓게 생각해 보면, 지능은 어디까지나 지식을 습득하기 위한 그릇이므로 지능이 높으면 얼마든지 지식을 습득할 가능성이 높다는 것을 알게 된다. 결국 학생이 스스로 좋아하는 놀이에 열중하도록 하여 지능을 높여 주는 것이 긴 안목에서 보면 더 효과적이라 할 수 있다.

제2장

뇌 발달과 게임

1 TGT 뻥튀기 집어 옮기기

1) 개요

학생의 소근육을 활용한 뇌 발달 게임으로 이루어지며 협동놀이의 하나로 TGT 게임을 통해 진행한다.

2) 준비물

지름 30cm 정도의 접시 1개, 지름 20cm 정도의 접시 4～5개, 지름 10cm 정도의 접시 4～5개, 나무젓가락, 뻥튀기(강냉이), 초시계

3) 게임장의 모습

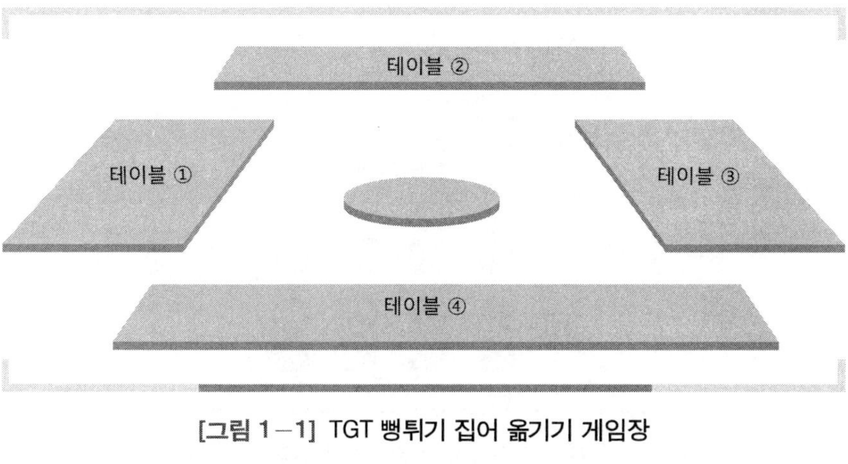

[그림 1－1] TGT 뻥튀기 집어 옮기기 게임장

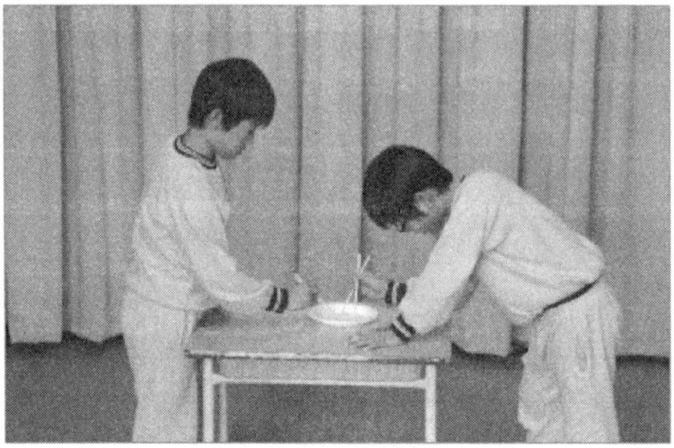

[그림 1－2] TGT 뻥튀기 옮기기

4) 활동 방법

(1) 팀 나누기

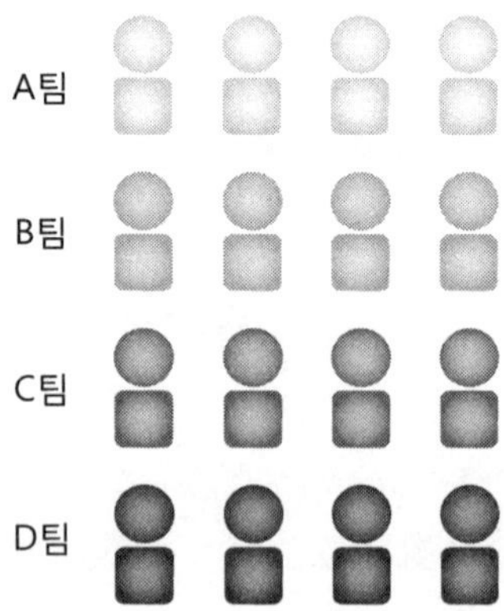

[그림 1－3] TGT 뻥튀기 집어 옮기기 게임을 위해 나눈 팀

- 학급의 인원수를 교사 재량으로 n개의 팀으로 구성할 수 있다.
- 각 팀의 구성원 수는 같아야 한다.
- 한 팀의 구성원은 임의로 해도 상관없다. 운동 기능의 수준과도 상관없다.
- 남녀를 고르게 편성하는 것이 좋고, 남녀를 구분해도 되지만 되도록이면 혼합 편성하는 것이 좋다.

(2) 활동과제 안내 및 수행과제 방법 설명하기

↘ **TGT 협동학습 모형 체육 수업이란?** TGT(Team Games of Tournament)는 토너먼트 게임에서 좋은 성적을 얻기 위해 학습한다. STAD(Student Teams－Achievement Division) 협동학습에서는 향상 점수로 학습동기를 강화하지만 TGT는 게임에서 얻은 점수로 학습동기를 강화시킨다. TGT의 중요한 특징은 팀별 순위에 따라 선수로 출전하는 테이블이 바뀐다는 점이다. 1위 학생들은 각 팀의 1위들이 모여서 겨루는 1위 테이블로 출전하게 되고, 2위 학생들은 각 팀의 2위들이 모여서 겨루는 2위 테이블로 출전하게 된다.

이것은 STAD에서 학습 능력에 관계없이 열심히 학습한 학습자는 향상 점수를 통해 자신의 소집단에 기여하고, 자신의 성취욕을 얻는 것과 마찬가지로 TGT의 학습자들도 자신과 비슷한 능력의 경쟁자와 게임을 함으로써 자신의 팀에 공헌할 수 있는 동등한 기회를 갖는다.

TGT 협동학습 모형의 수업 절차는 다음과 같다.

① 교사의 수업 안내

교사는 전체 학급을 대상으로 도입, 전개, 연습의 순으로 수업에 대한 안내를 한다. 이는 교사에 의한 직접 교수나 강의 및 토의식으로 전개되는데, 기존의 전통적 수업과 다른 점은 학생들이 주의를 집중하게 된다는 점이다.

② 도입

- 수업에서 무엇을 배워야 하고 그것이 왜 중요한지를 설명한다.
- 수업에 필요한 사전 정보와 기능을 설명한다.

③ 전개

- 평가할 목표를 분명히 제시한다.
- 단순한 파지 능력보다 의미의 이해를 강조한다.
- 다양한 매체를 동원한다.
- 질문을 통해서 학생이 교사의 설명을 이해하는지 확인한다.
- 학생의 대답이 맞고 틀렸을 때 그 이유를 분명히 설명한다.
- 학생의 이해가 확인되면 빠르게 다음 단계로 넘어간다.
- 빠르고 정확하며, 방해물이 있을 때 이를 즉시 제거함으로써 수업의 추진력을 확보한다.

④ 연습

- 모든 학생으로 하여금 과제 수행 연습을 체험하게 한다.
- 임의로 학생을 지적하여 질문에 대답하게 한다.
- 이 단계에서 너무 긴 시간을 할애하지 않는다.

⑤ 소집단 학습

- 각자 자기 소집단의 구성원들이 주어진 과제를 해결하는 데 책임을 지도록 한다.

• 모든 구성원이 과제를 해결할 때까지 소집단 활동을 끝내서는 안 된다.
• 과제가 어려울 경우 소집단 내에서 최대한 해결을 위해 노력하고, 도저히 해결되지 않을 때에만 교사에게 질문한다.
• 소집단 활동 중 다른 소집단을 방해하지 말아야 한다.

⑥ 토너먼트 게임

• 게임을 위해 교사는 필요한 여러 가지 것들을 준비한다.
• 그림을 통해 알기 쉽게 설명하면 [그림 1－4]와 같다.

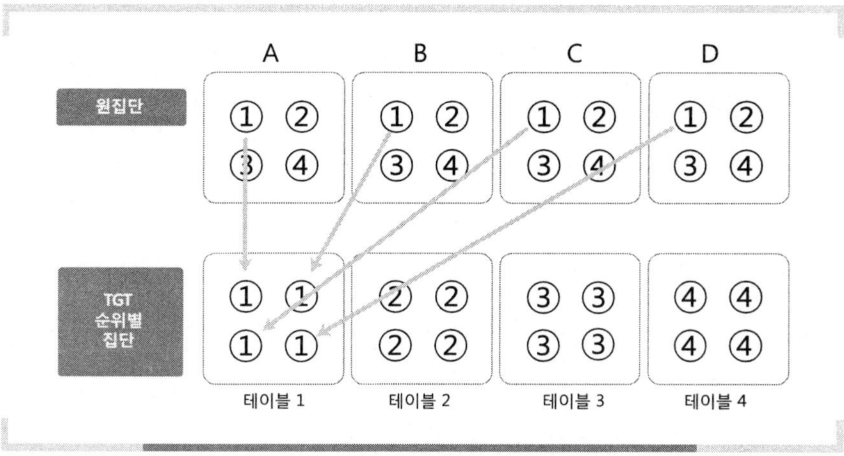

[그림 1－4] TGT 게임에서의 각 순위자 테이블 만들기

• 앞의 [그림 1－3]과 같이 A, B, C, D 4개의 팀이 있고 각 팀에는 4명의 팀원이 있다.
• 팀원들은 서로 협력하여 주어진 과제를 연습한다. 왜냐하면 잠시 뒤에 각 팀별로 토너먼트 게임을 하기 때문이다.

- [그림 1-4]와 같이 테이블 1은 A팀에서의 1위, B팀에서의 1위, C팀에서의 1위, D팀에서의 1위가 각각 참여하여 게임을 한다.
- 테이블 2는 A팀에서의 2위, B팀에서의 2위, C팀에서의 2위, D팀에서의 2위가 각각 참여하여 게임을 한다.
- 테이블 3은 A팀에서의 3위, B팀에서의 3위, C팀에서의 3위, D팀에서의 3위가 각각 참여하여 게임을 한다.
- 테이블 D는 A팀에서의 4위, B팀에서의 4위, C팀에서의 4위, D팀에서의 4위가 각각 참여하여 게임을 한다.
- 자신과 비슷한 수준의 학생과 게임을 한다는 것 자체가 큰 경쟁심과 동기를 유발시키며, 동시에 테이블에 나가서 거둔 자신의 게임 결과가 팀의 성적이 된다.
- 1위 테이블에서 1, 2, 3, 4위 성적이나 2, 3, 4위 테이블에서 1, 2, 3, 4의 성적(보상)이 동일하기 때문에 자신이 열심히 해야 할 뿐 아니라 팀원들의 성적(보상)을 위해서도 협동이 요구되는 구조화된 수업이다.

(3) 팀 연습 활동

- 각 팀원들은 나무젓가락과 뻥튀기를 옮겨 담을 그릇을 구성원 수에 맞게 준비한다.
- 나무젓가락으로 뻥튀기를 옮기는 연습을 한다.
- 각 팀에서 정해진 시간 안에 뻥튀기를 많이 옮긴 수에 따라 순위를 정한다.

(4) 팀별 TGT 게임하기

① 순위자별 게임을 할 때 나머지 순위자가 응원하는 방식

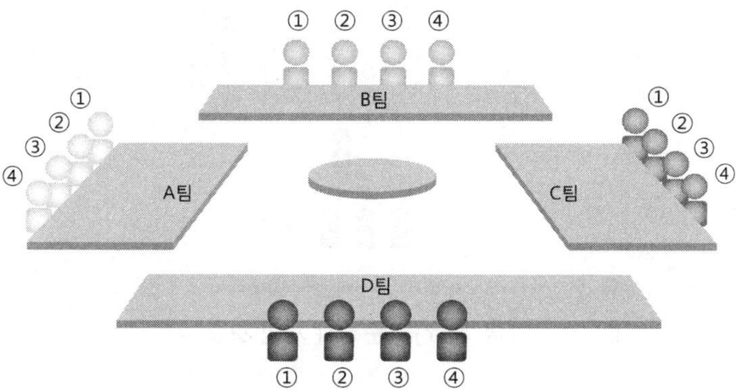

[그림 1－5] 게임을 하기 위해 팀별로 모인 모습

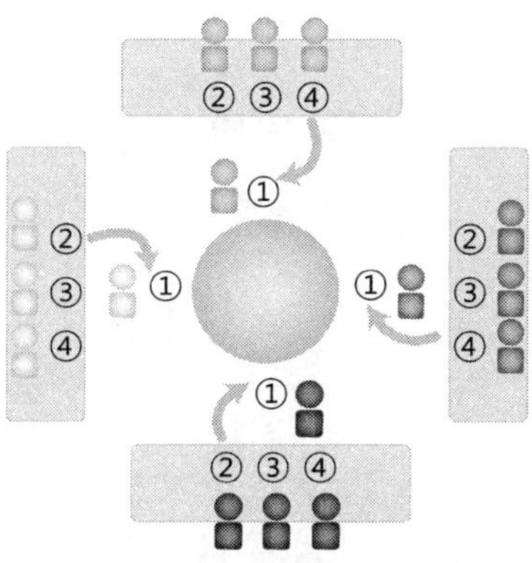

[그림 1－6] 1순위자 게임 모습

• 각 팀의 1순위자가 나가서 뺑튀기 옮기기 게임을 할 때 각 팀의 2, 3, 4 순위자들은 응원을 한다.

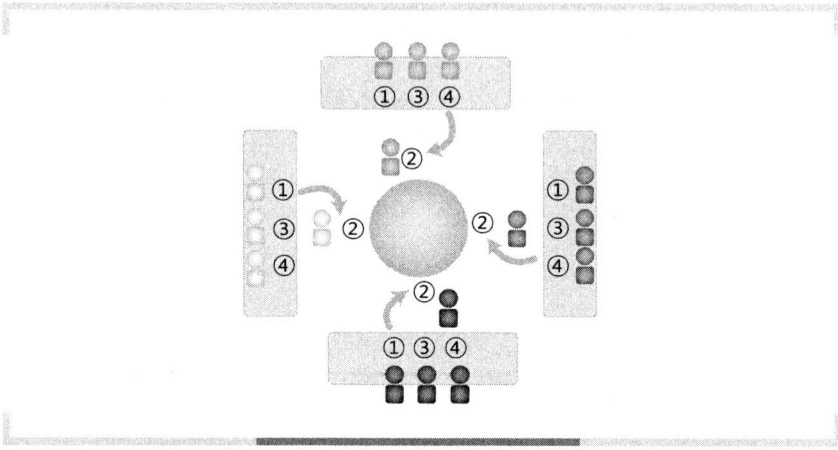

[그림 1-7] 2순위자 게임 모습

• 각 팀의 2순위자가 나가서 뺑튀기 옮기기 게임을 할 때 각 팀의 1, 3, 4 순위자들은 응원을 한다.

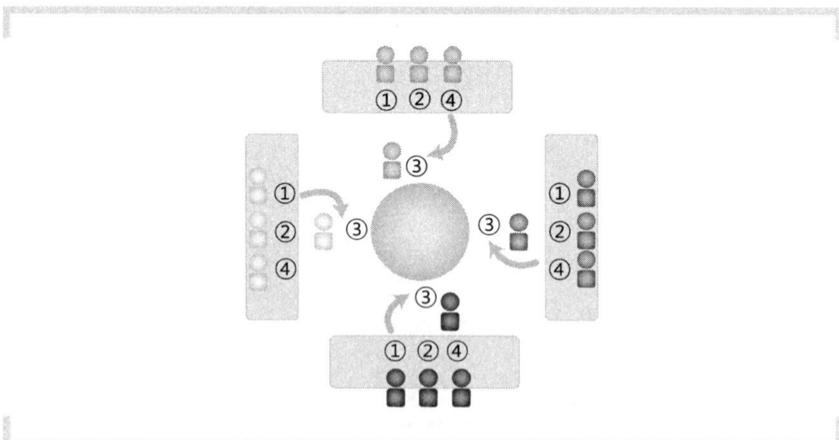

[그림 1-8] 3순위자 게임 모습

• 각 팀의 3순위자가 나가서 뺑튀기 옮기기 게임을 할 때 각 팀의 1, 2, 4 순위자들은 응원을 한다.

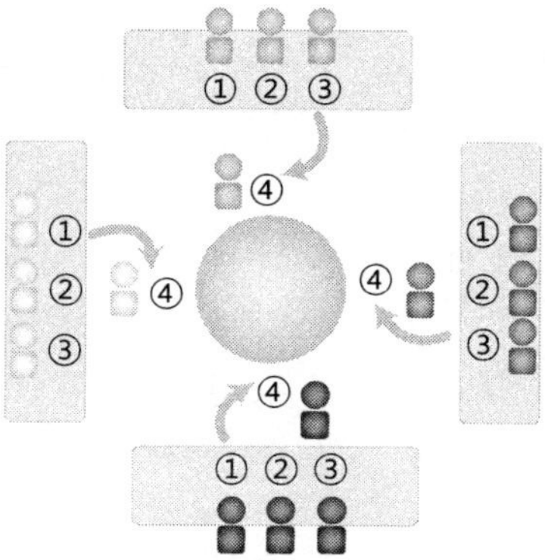

[그림 1－9] 4순위자 게임 모습

• 각 팀의 4순위자가 나가서 뻥튀기 옮기기 게임을 할 때 각 팀의 1, 2, 3 순위자들은 응원을 한다.

② 순위별로 동시에 하는 방식

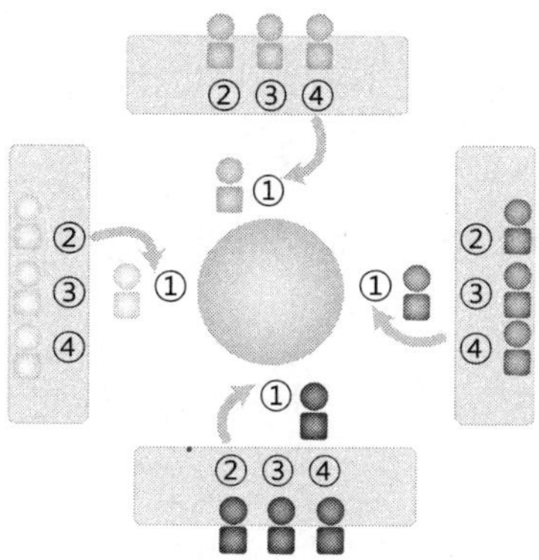

〈1순위자 게임 테이블〉

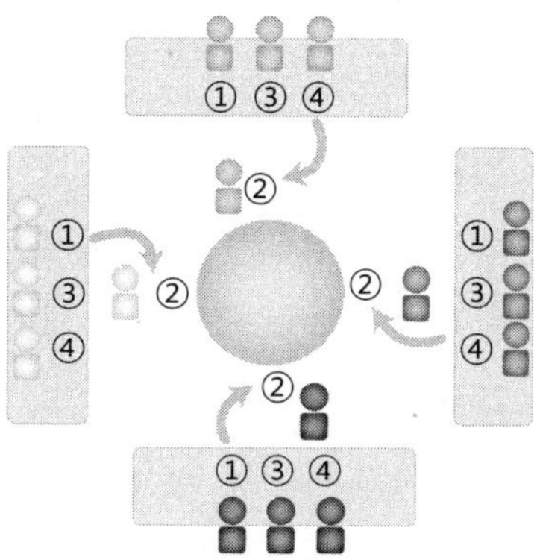

〈2순위자 게임 테이블〉

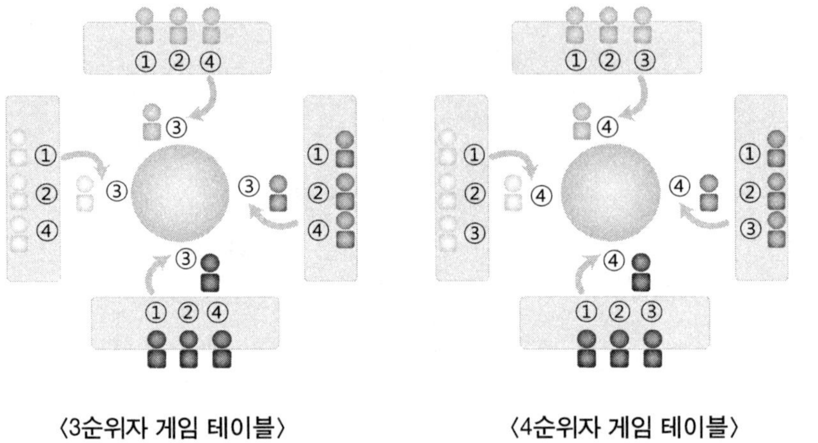

[그림 1－10] 순위별로 동시에 게임하는 모습

↘ TGT 뻥튀기 집어 옮기기 게임 방법

- 각 팀의 인원수만큼 새로운 나무젓가락을 나누어 준다.
- 각 팀에 작은 접시 1개, 큰 접시 1개를 제공한다.
- 각 팀은 순위별로 줄을 선다.
- 첫 번째 선수는 작은 접시와 자신의 나무젓가락을 가지고 게임을 준비한다.
- 호루라기 신호와 함께 첫 번째 선수가 중앙으로 뛰어와 가운데 놓여 있는 접시에서 뻥튀기를 집어서 자신의 그릇에 담는다.
- 2～4위 팀원들은 자기팀의 1위 선수가 잘할 수 있도록 응원을 한다.
- 호루라기 신호에 따라 집는 것을 멈춘다.
- 교사는 뻥튀기를 많이 담은 순서에 따라 순위를 기록하고 점수를 기록한다.
- 자신의 접시를 가지고 팀으로 돌아가 가져온 뻥튀기를 큰 접시에 담는다.

- 두 번째 선수가 작은 접시를 들고 준비한다.
- 나머지 순위 선수들의 게임 방법은 동일하다.
- 게임이 끝나면 모은 뻥튀기를 팀원들이 먹는다.
- 먹으면서 이길 수 있는 전략과 전술을 의논한다.
- 뻥튀기를 대신할 수 있는 것을 고려해 보는 것도 좋다.

5) TGT 게임 결과 발표하기

- 교사는 기록지를 검토하여 가장 우수한 성적을 거둔 팀을 선정한다.
- 우승팀에게 적절한 보상을 제공한다.
- 나중에 교실의 벽면이나 게시판 등을 이용하여 우승팀을 자랑스럽게 소개하는 것도 좋다.
- 우승팀의 소개뿐만 아니라 가장 많은 뻥튀기를 집은 최우수 선수를 선정하여 보상을 한다.

결과 표 양식

	1순위자가 얻은 점수	2순위자가 얻은 점수	3순위자가 얻은 점수	4순위자가 얻은 점수
A팀				
B팀				
C팀				
D팀				

↘ 유사 게임

- 젓가락으로 뻥튀기 전달하기
- 젓가락으로 구멍이 있거나 링 모양으로 된 과자 전달하기
- 수저(숟가락, 젓가락)로 탁구공 전달하기

- 수행 방법
  - 제자리에서 옆 학생에게 옮기기
  - 1m 정도 걸어서 전달하기
  - 목표지점(반환점이나 편도)을 돌아와서 릴레이로 전달하기

6) 교육적 효과

- 모든 학생이 수업에 적극적으로 상호작용하는 협동적인 수업을 할 수 있다.
- 소근육 발달을 위한 체육 수업으로 실내에서 효율적으로 실행할 수 있다.
- 초등학교 시절에 이러한 게임 활동을 통해서 젓가락질 기능을 습득할 수 있다.
- 학교 생활에서 레크리에이션 효과를 증대시킬 수 있다.
- TGT 협동학습을 쉽게 익힐 수 있는 기회가 된다.

2 TGT 구슬 꿰기

1) 개요

구슬 꿰기 활동은 학생들의 눈과 손가락의 협응력을 길러 주고 소근육을 발달시키는 활동으로서, 저학년 학생의 뇌 발달, 집중력, 정서 안정 등을 기르는 데 좋다.

2) 준비물

가운데에 구멍이 뚫린 구슬 200개, 1m 길이 낚싯줄(나일론실) 4개

3) 게임장의 모습

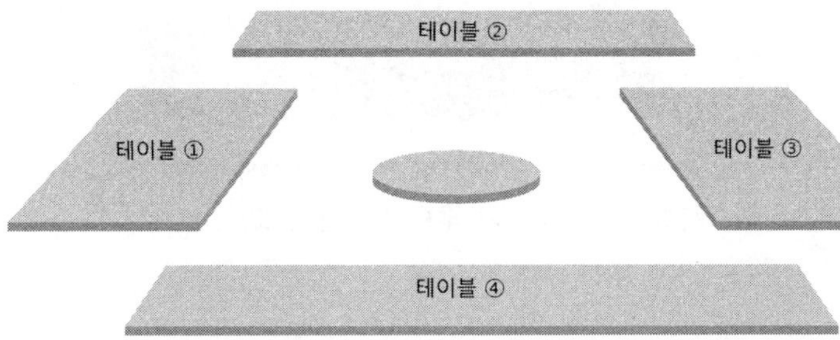

[그림 2-1] TGT 구슬 꿰기 게임장

[그림 2-2] TGT 구슬 꿰기 장면 (1)

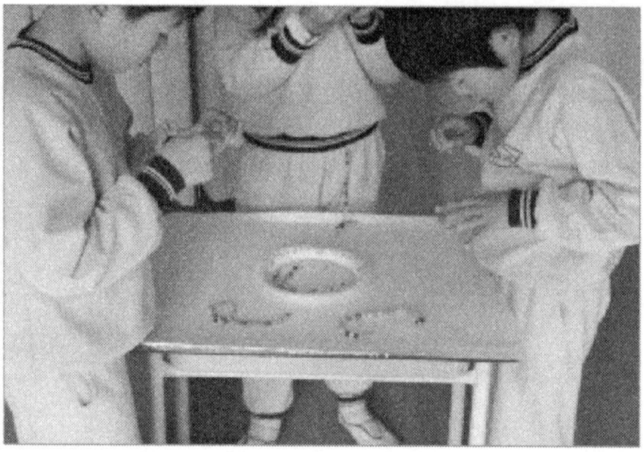

[그림 2-3] TGT 구슬 꿰기 장면 (2)

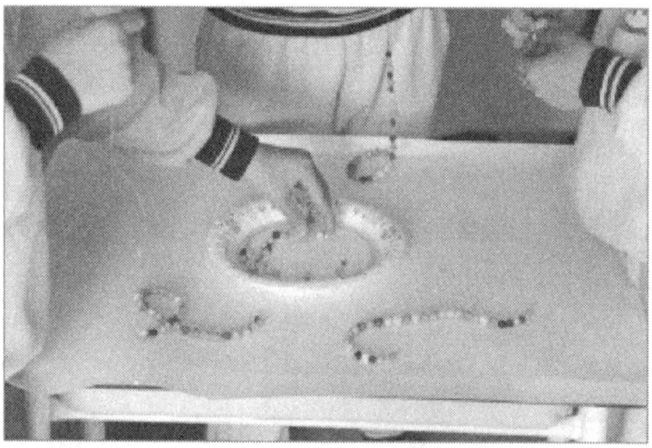

[그림 2-4] TGT 구슬 꿰기 장면 (3)

4) 활동 방법

(1) 팀 나누기

- 한 팀은 4명 정도가 적당하다.
- 팀을 나눌 때 성별, 운동 능력의 수준에 관계없이 임의로 정할 수 있다.

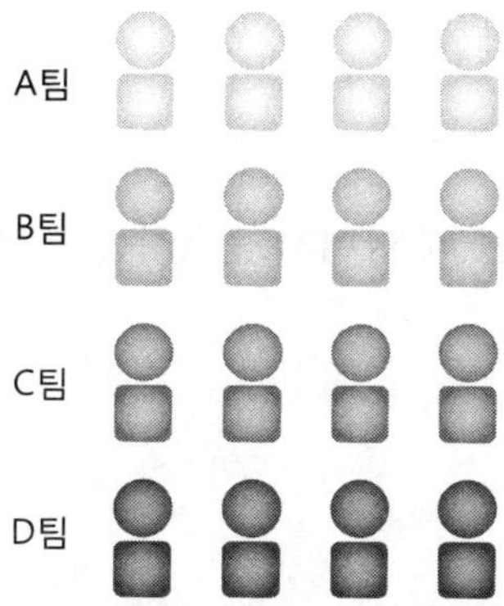

[그림 2-5] TGT 뻥튀기 구슬 꿰기 게임을 위해 나눈 팀

(2) 팀 연습 활동 및 팀 내 순위 정하기 활동

- 4명의 학생이 한 팀일 경우 학생들은 각각 구슬 20개와 1m 길이의 낚싯줄 1개를 받는다.
- 구슬을 낚싯줄에 끼우는 연습을 한다.
- 개인별 연습을 한 후에 20개의 구슬을 빨리 꿴 순서로 순위를 정한다.

(3) 팀별 TGT 게임하기

- 각 팀은 팀별 TGT 게임장으로 모인다.
- 4순위의 선수부터 출전한다.
- TGT 게임장에 출전한 각 선수는 20개의 구슬과 1m 길이의 낚싯줄을 받는다.
- 시작 신호를 듣고 낚싯줄에 구슬을 꿴다.
- 빨리 꿴 순서대로 순위를 정하고 그 순위에 따라 점수를 부여한다.
- 3, 2, 1 순위 선수들의 게임 방법은 동일하다.

• 모든 선수들이 게임을 마치면 게임 결과를 발표하고 그에 따라 보상을 한다.

↘ 순위자별 게임을 할 때 나머지 순위자는 응원하는 방식

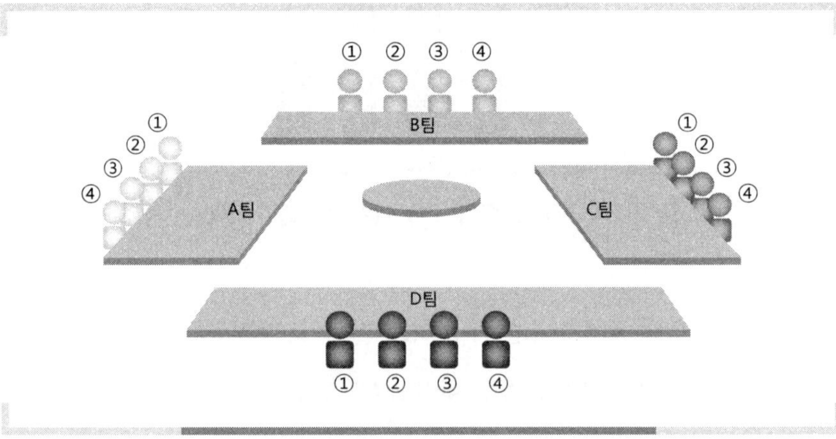

[그림 2-6] 게임을 하기 위해 팀별로 모인 모습

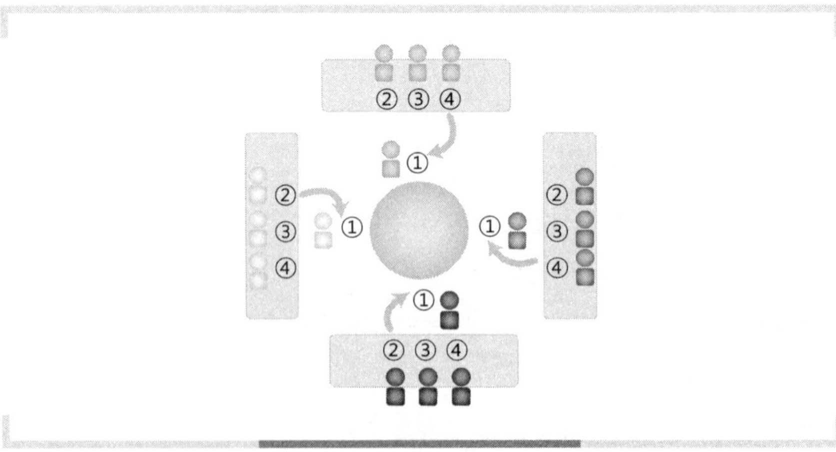

[그림 2-7] 1순위자 게임 모습

• 각 팀의 1순위자가 나가서 뺑튀기 옮기기 게임을 할 때 각 팀의 2, 3, 4 순위자들은 응원을 한다.

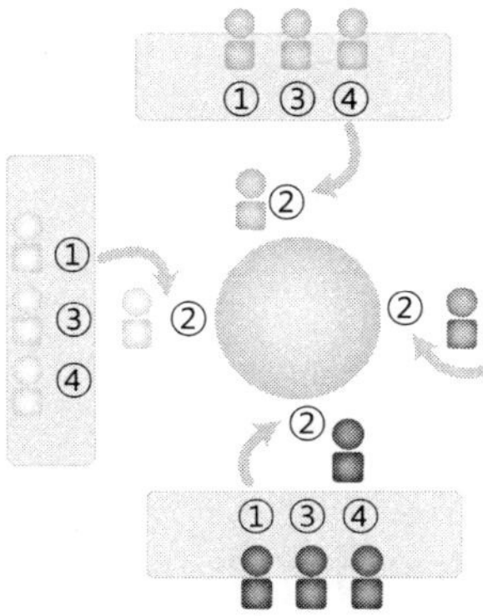

[그림 2-8] 2순위자 게임 모습

• 각 팀의 2순위자가 나가서 뺑튀기 옮기기 게임을 할 때 각 팀의 1, 3, 4 순위자들은 응원을 한다.

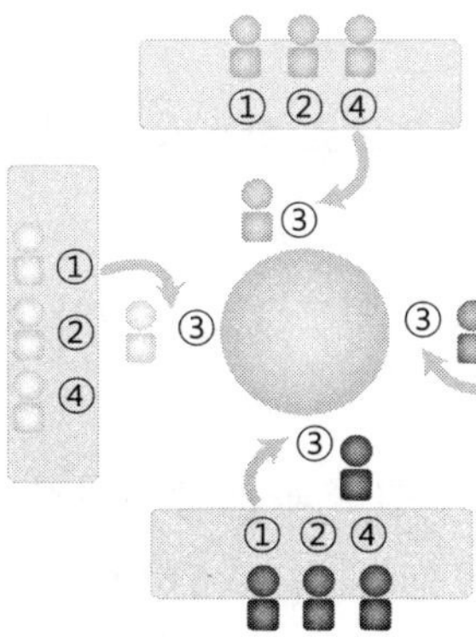

[그림 2-9] 3순위자 게임 모습

• 각 팀의 3순위자가 나가서 뺑튀기 옮기기 게임을 할 때 각 팀의 1, 2, 4 순위자들은 응원을 한다.

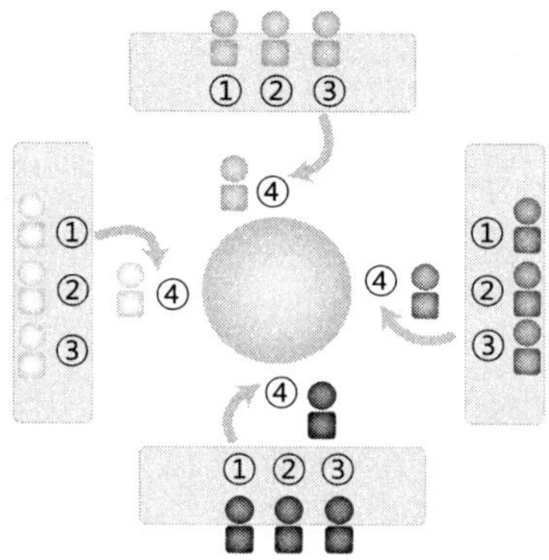

[그림 2-10] 4순위자 게임 모습

• 각 팀의 4순위자가 나가서 뺑튀기 옮기기 게임을 할 때 각 팀의 2, 3, 4 순위자들은 응원을 한다.

5) 교육적 효과

• 모든 학생이 수업에 적극적으로 상호작용하는 협동적인 수업을 할 수 있다.
• 소근육 발달을 위한 체육 수업으로 실내에서 효율적으로 실행할 수 있다.
• 학교 생활에서 레크리에이션 효과를 증대시킬 수 있다.
• TGT 협동학습을 쉽게 익힐 수 있는 기회가 된다.
• 집중력과 인내심 그리고 침착성을 기를 수 있다.

3 협동학습 달리기

1) 개요

좁은 공간에서 전원이 릴레이 게임에 협동적으로 참여하는 계주 형태의 게임으로서 좁은 원 달리기, 달리기에 대한 전략 세우기, 배턴 주고받기 익히기, 곡선 달리기에 대한 신체 인지 등을 협동적 전략을 세워서 실행한다.

2) 준비물

볼링핀 4개, 콘 4개, 배턴 4개, 라인기

3) 게임장의 모습

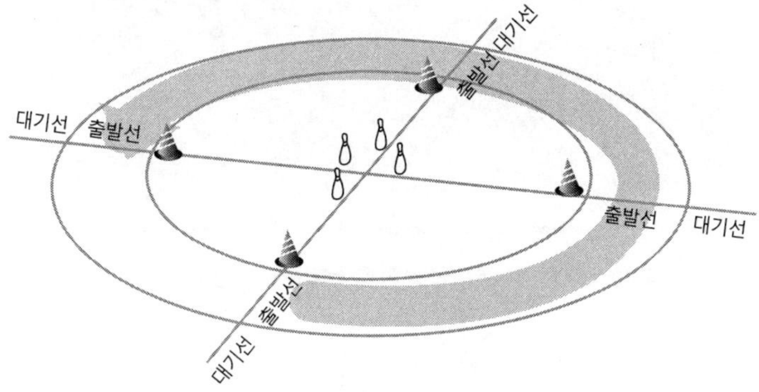

[그림 3-1] 협동학습 달리기 게임장

[그림 3-2] 협동학습 달리기 장면 (1)

[그림 3-3] 협동학습 달리기 장면 (2)

4) 활동 방법

• 4개 팀의 팀장을 불러 팀 구호 등을 붙이며 응원전을 하도록 한다.

- 단합하여 힘차게 응원하는 팀에게 점수를 부여한다.
- 본 게임을 위해 팀장을 콘 위치 가까이 부른다.
- 팀장에게 게임 방법과 주의사항을 말하고 팀원에게 전달하도록 한다.
- 전체 구성원이 참여하는 가벼운 경보 게임부터 달리기 순으로 실시한다.
- 교사의 신호나 호각 신호를 듣고 출전 선수 대기석에 먼저 나온 팀에게 점수를 부여한다.
- 달리기의 경우 1번 주자로 출전한 선수는 시계 반대 방향으로 한 바퀴 달리며, 출발 대기석에 나와 있는 다음 주자에게 배턴을 넘겨주고 자기 팀의 시합 전 대기 위치로 간다.
- 순서대로 나온 선수가 한 바퀴씩 돌고, 배턴을 받은 마지막 주자가 출발 위치까지 한 바퀴 돈 다음 출전 선수 대기석 앞에 있는 콘을 돌아 자기 팀의 볼링핀을 먼저 잡으면 1등이 된다.

5) 교육적 효과

- 모든 학생이 수업에 적극적으로 상호작용하는 협동적인 수업을 할 수 있다.
- 단순한 달리기 활동을 놀이화하여 즐겁게 체육 수업에 참여할 수 있다.
- 이어달리기의 협동체제를 이해하고, 배턴 주고받기 기능을 익힐 수 있다.
- 직선 달리기와는 달리 곡선 달리기에서의 신체 적응 능력을 습득할 수 있다.
- 자기 팀에 대한 소속감 및 책무성을 인식함으로써 맡은 일에 충실하는 태도를 함양한다.
- 학교 생활에서 레크리에이션 효과를 증대시킬 수 있다.
- TGT 협동학습을 쉽게 익힐 수 있는 기회가 된다.

4 뉴 발야구

1) 개요

게임 규칙은 야구와 비슷하지만 베이스를 돌지 않고 자기 팀이 대기하고 있는 러닝존을 돌아오는 게임으로, 모든 학생이 수비에 참여하고 또 모든 학생이 공격에 참여한다. 학생 간의 스킨십과 실제 학습 시간이 많은 게임이라고 할 수 있다.

2) 준비물

배구공(또는 축구공) 1개, 라인기

3) 게임장의 모습

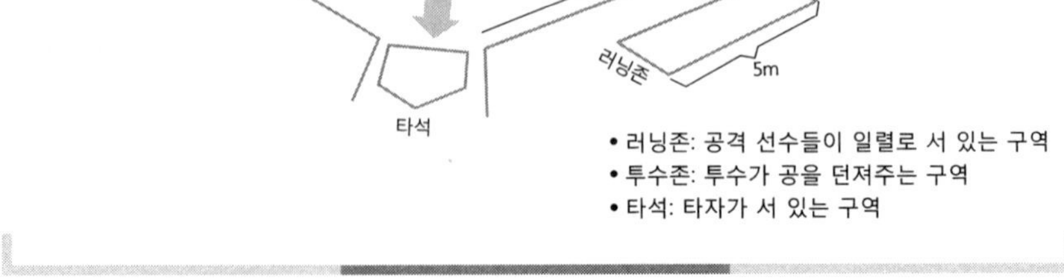

[그림 4－1] 뉴 발야구 게임장

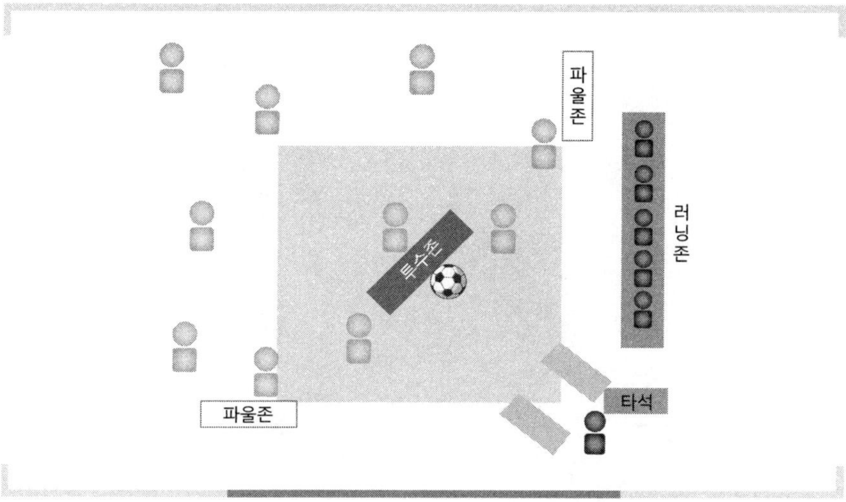

[그림 4-2] 뉴 발야구 게임 수비 모습

4) 활동 방법

(1) 팀 나누기

- 학급의 학생들을 적당히 2개의 팀으로 나눈다.
- 남여를 혼합하여 활동을 할 경우 남자는 왼발(주로 사용하지 않는 발)을 사용하여 공을 차게 하는 핸디캡을 줄 수 있다.

(2) 게임 방법

- 두 팀은 가위바위보나 기타 적절한 방법으로 공격과 수비의 역할을 나눈다.
- 게임 시간은 5회나 7회 등 적절히 정한다.
- 공격팀은 점수 획득 러닝존에 공격 순서대로 1열로 선다. 참가 선수가 많을 경우에는 2열로 서도 된다.
- 공격자는 일반 발야구를 할 때처럼 홈의 뒤쪽에서 공을 차기 위한

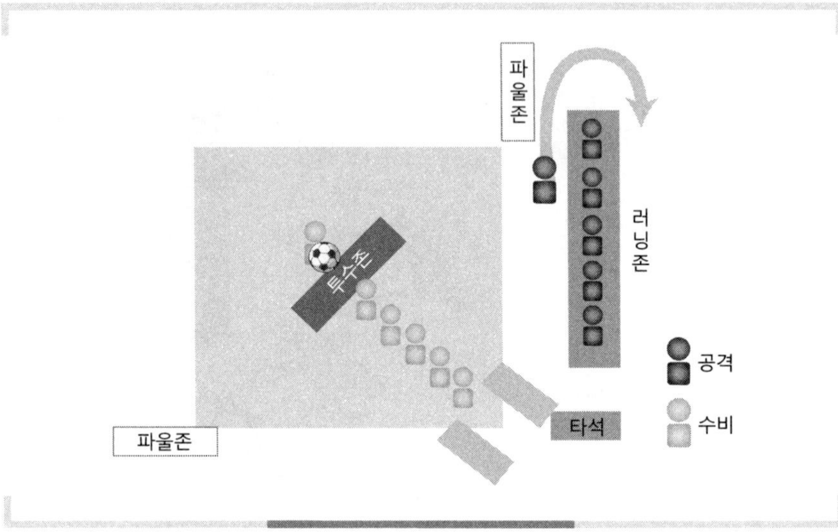

[그림 4−3] 공격팀 게임 모습

준비를 한다. 준비가 되면 투수존의 투수에게 손을 들어 표시한다.

- 수비팀은 공격자의 공을 잡거나 빨리 홈으로 옮길 수 있도록 적당한 위치를 잡는다.
- 투수는 공격자가 준비된 것을 확인한 후, 공격자가 찰 수 있도록 공을 홈 쪽으로 굴린다.
- 공격자는 공을 발로 힘차게 찬다. 그리고 점수 획득 러닝존을 정해진 방향으로 뛰어서 돈다. 이때 수비팀은 투수존에서부터 홈까지 두 다리를 어깨너비로 벌리고 허리를 구부린 채 일렬로 선다.
- 공을 잡은 수비수는 [그림 4−7]과 같이 투수존에서부터 홈까지 서 있는 수비팀의 다리 사이로 공을 굴려 홈에 터치되도록 한다.
- 공이 다리 사이로 구르다 옆으로 빠져나간다거나 다리 사이로 통과하지 않았다면 그곳에서 다시 시작하고 굴러간 공은 손으로 집어서 가져올 수 있다.

[그림 4-4] 킥(공격) 후 베이스 러닝 장면 (1)

[그림 4-5] 킥(공격) 후 베이스 러닝 장면 (2)

• 수비팀이 공을 홈에 터치할 때까지 공격자는 러닝존을 도는데, 기본 바퀴를 돌면 1점을 획득하고 동시에 세이프가 된다. 만약 기본 바퀴

를 돌기 전에 수비팀이 먼저 공을 홈에 터치시키면 공격자는 아웃이 된다.

- 공격자는 수비팀이 공을 홈에 터치할 때까지 계속 점수 획득 러닝존을 돌 수 있는데, 만약 기본 바퀴가 두 바퀴일 때 세 바퀴를 돌면 2점을 획득하고 네 바퀴를 돌면 3점을 획득하는 방식이다.
- 공격자가 러닝존을 도는 중간에 공이 홈에 터치되면 아웃이 되고 점수도 인정이 안 된다. 따라서 공격자는 도는 횟수를 잘 판단해야 한다.
- 기본 바퀴는 참가자들의 수준에 따라 임의로 정할 수 있다.
- 6학년 학생들의 경우 남녀를 혼합하여 게임 활동을 하면 수비 자세 때문에 활동을 꺼리기도 한다. 그때는 허리를 굽히지 않고 단순히 서서 실시할 수 있다. 또는 일렬로 서서 손으로 공을 허리 옆으로 운반하여 홈에 터치할 수도 있다. 때에 따라 적당히 규칙을 변형하여 학생들이 부담 없이 즐겁게 게임을 즐길 수 있도록 융통성을 발휘하여 진행한다.
- 쓰리 아웃이 되면 공격과 수비의 역할을 교대한다.

↘ 공격 활동

- 뉴 발야구에서는 1, 2, 3루를 돌아서 베이스 러닝을 하지 않고 러닝존만 돌면 된다.
- 공격자는 러닝존에 최대한 간격을 좁혀 일렬로 서 있는다.
- 득점은 한 바퀴 돌 때마다 1점이다(단, 기본 바퀴가 한 바퀴일 수도 있고 두 바퀴일 수도 있다).
- 기본 바퀴를 다 돌기 전에 수비수들이 공을 홈에 터치하면 공격자는 아웃이 된다.
- 점수 획득존(러닝존)은 인원수에 따라 교사가 적당한 크기로 그린다. 단, 너무 작게 그리면 점수가 많이 나고 공격과 수비의 교체 시간이

길어질 수 있다. 왜냐하면 쉽게 점수 획득존을 돌아서 점수가 나기 때문이다. 즉, 아웃되지 않기 때문이다.

수비 활동

- 홈과 투수존의 거리는 뉴 발야구에 참여하는 선수들의 수준에 따라 적당하게 정한다.
- 투수존과 홈과의 연결선은 참가자의 수준에 따라 그릴 수도 있고 그리지 않을 수도 있다. 초등학생의 경우 그려주는 것이 수비하는 데 도움이 된다.
- 수비수가 바운드되지 않은 공을 직접 잡으면 공격자는 아웃이 된다.
- 수비수가 바운드되거나 굴러간 공을 잡고 있을 때는 안타가 된 경우로서, 공격자는 러닝존을 신속히 돈다.

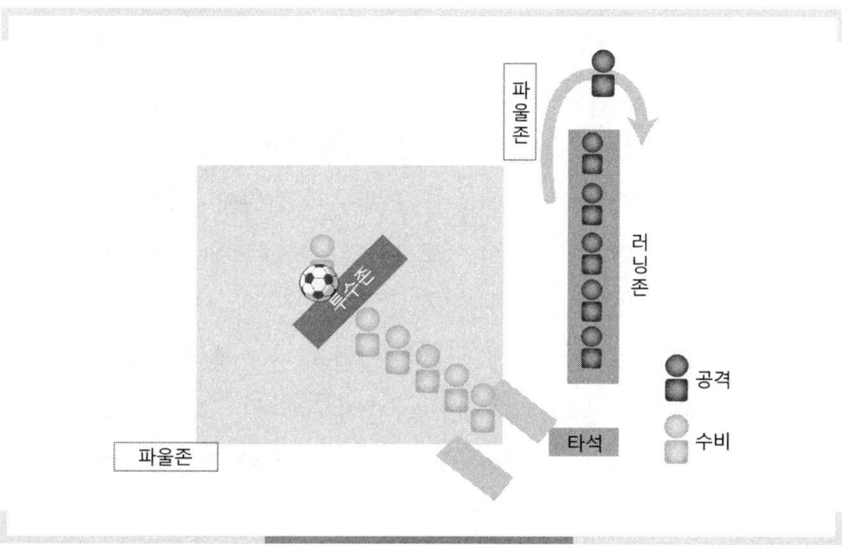

[그림 4-6] 수비팀 게임 모습

[그림 4-7] 뉴 발야구 수비 장면

5) 교육적 효과

- 발야구에서는 공을 잘 잡지 못하는 학생, 흥미와 관심이 적은 학생이 소극적으로 활동하는 데 비해, 뉴 발야구 게임에서는 수비수가 공을 잡자마자 투수존에서 홈베이스까지 수비수 전체가 한 줄로 서서 다리 사이로 공을 보내야 하기 때문에 전원이 게임에 참여하게 된다. 따라서 쉬거나 소극적으로 활동할 수 없고 활동에 자연스럽게 적극적으로 개입하게 된다.
- 공을 잘 차지 못하는 학생의 경우 일반 발야구에서는 쉽게 수비수에게 잡히거나 아웃이 되지만 뉴 발야구에서는 최소한 공을 차고 뛰다가 아웃이 되기 때문에 일반 발야구보다 활동에 참여하는 시간이 많다.
- 공을 멀리 보내지 않아도 득점할 수 있기 때문에 운동의 수준 여하에 관계없이 적극적으로 게임 활동에 참여할 수 있다.

5 볼링 야구

1) 개요

공을 정확하게 목표지점으로 보낼 수 있는 조정력과 리듬감을 기르고, 야구 게임을 체험해 볼 수 있다.

2) 준비물

배구공 또는 축구공 4개(팀의 수에 따라 1개씩), 라인기

3) 게임장의 모습

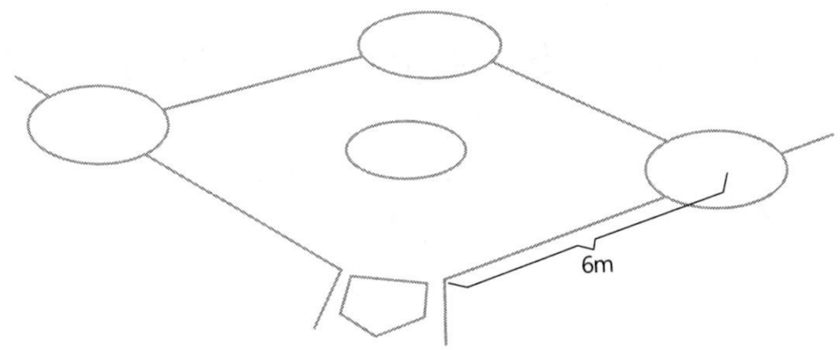

[그림 5-1] 볼링 야구 게임장

[그림 5-2] 볼링 야구 게임 장면 (1)

- 홈과 1루, 2루, 3루가 있다.
- 홈과 1루, 2루, 3루를 연결한 모양은 정사각형이다.
- 홈과 1루, 1루와 2루, 2루와 3루 사이의 거리는 각 6m다. 이 거리는 줄이거나 늘릴 수 있다.
- 홈과 1루, 2루, 3루는 지름이 2m인 원의 중심이다.

4) 활동 방법

(1) 팀 나누기

- 가장 적당한 수는 한 팀당 3명이다.
- 두 팀으로 나누어 활동하는 팀 게임이다.

(2) 게임 방법

- 수비팀의 선수들은 공을 1개씩 가지고 각 루의 둥근 원 지역에서 공을 아무 곳이나 놓고 손으로 잡고 있다.

- 공격팀의 첫 번째 선수가 홈에서 1루 쪽으로 공을 굴려 1루 수비수가 잡고 있는 공을 맞춘다.
- 공을 맞추었으면 1루의 둥근 원 지역의 아무 곳에서나 2루 쪽의 공을 맞추기 위해 공을 굴린다.
- 만약 1루의 공을 맞추지 못하고 공이 다른 곳으로 굴러가면 공격팀의 두 번째 선수가 공이 멈춘 곳에서 1루의 공을 맞추기 위해 공을 굴린다. 이때 수비수는 공격자가 공을 굴리기 전에 공의 위치를 1회 옮겨 놓을 수 있다.
- 두 번째 선수가 1루의 공을 맞추었으면 2루 쪽의 공을 맞추기 위해 공을 굴린다.
- 이와 같은 방식으로 3루까지 가면 수비수들은 공을 홈에 놓고 원 밖으로 물러난다.
- 공격자는 3루에서 홈을 향해 공을 굴리거나 던져서 맞춘다. 2개를 맞추면 2점을 획득하고 3개를 모두 맞추면 3점을 획득한다.
- 공격자가 공을 맞추지 못하면 아웃이 되고, 쓰리 아웃이 되면 공격과 수비의 역할을 바꾼다.

[그림 5-3] 볼링 야구 게임 장면 (2)

5) 교육적 효과

- 공과 손의 협응력을 기를 수 있다.
- 좁은 공간에서 효율적인 체육 수업을 실행할 수 있다.
- 공과 목표지점과의 공간감을 신장시킬 수 있다.
- 침착성과 집중력을 기를 수 있다.
- 레크리에이션 효과를 증대시킬 수 있다.

6 팔(八)자 공기놀이

1) 개요

전통적인 공기놀이를 신체를 활용한 공기놀이로 변형하여 조정력과 순발력을 기르고, 게임 전술을 생각하면서 게임에 임하는 놀이이다.

2) 준비물

콩주머니 40개 정도, 라인기, 줄자

3) 게임장의 모습

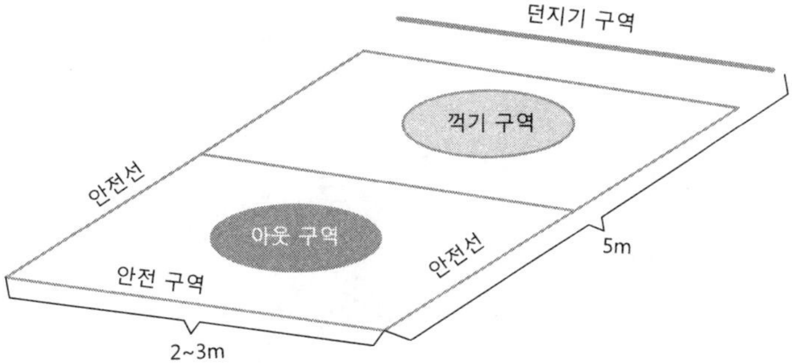

[그림 6－1] 팔자 공기놀이 게임장

4) 활동 방법

(1) 팀 나누기

- 학급의 인원을 적당히 나눠 팀을 구성한다.
- 한 팀은 최소 4명에서 최대 6명까지 구성할 수 있다.
- 학급 인원이 25명일 경우 5명씩 다섯 팀으로 구성하고, 26명일 경우에는 5명씩 네 팀, 6명 한 팀으로 구성한다. 지도교사의 재량으로 팀을 구성할 수 있다.
- 양 팀의 대표선수 1명이 가위바위보를 하여 활동 순서를 정한다.

(2) 1단계 게임하기

- 콩주머니 낙하 구역, 게임 시작 구역, 대기 구역을 그려 넣는다.
- 1단계 게임은 정확히 던지기 활동이다.

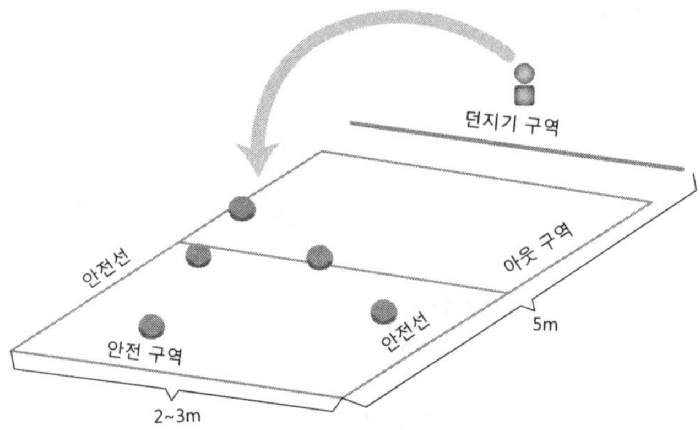

[그림 6-2] 안전 구역으로 콩주머니를 던지는 방법

- 팀원들은 순서대로 [그림 6-2]와 같이 던지기 구역에서 안전 구역으로 콩주머니를 던진다.
- 던진 콩주머니가 [그림 6-3]과 같이 1개라도 안전 구역 밖으로 떨어지거나 꺾기 구역으로 떨어지면 활동 기회가 상대 팀으로 넘어간다.
- 안전 구역에 5개의 콩주머니가 정확히 떨어지면 대표선수 1명이 자신이 던진 콩주머니 앞으로 간다.
- 대표선수는 자신의 콩주머니를 집어서 '하나, 둘, 셋'을 크게 외치면서 꺾기 구역의 하늘 높이 던졌다가 다시 정확하게 받는다.
- 대표선수가 콩주머니를 던진 후 다시 받기 전에 팀원들은 자신의 콩주머니를 집어서 꺾기 구역으로 이동한다. 만약 1명이라도 대표선수가 콩주머니를 받은 후에 꺾기 구역으로 들어오거나 대표선수가 콩주머니를 받지 못하면 활동 기회가 상대 팀으로 넘어간다.
- 모두 꺾기 구역으로 들어왔으면 대표선수는 팀의 콩주머니를 모아서 던지기 구역으로 이동한다.
- 던지기 구역에서 모은 콩주머니를 꺾기 구역으로 던지면 팀원들은

콩주머니를 받는다.

- 받은 콩주머니가 팀의 나이가 된다.

[그림 6-3] 콩주머니 2개가 안전 구역 밖으로 떨어져 실패한 장면

[그림 6-4] 콩주머니가 안전 구역 안으로 모두 들어가 성공한 장면

[그림 6-5] 콩주머니를 향해 뛰어가는 모습

(3) 2단계 게임(꺾기)하기

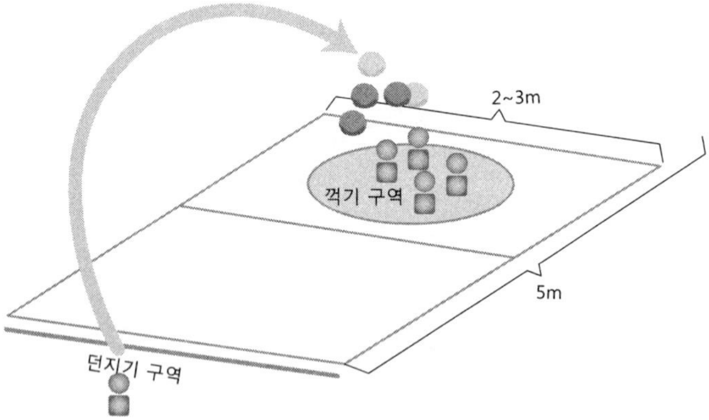

[그림 6-6] 2단계 게임(꺾기) 모습

[그림 6-7] 2단계 게임(꺾기) 장면

- 2단계 게임은 [그림 6-6]과 같이 정확히 던지고 꺾기 구역에서 정확하게 받는 활동이다.
- 대표선수 1명이 던지기 구역에서 5개의 콩주머니를 던질 준비를 한다.
- [그림 6-6]과 같이 나머지 팀원들은 가운데 원 안에 들어가서 대표선수가 던지는 콩주머니를 받을 준비를 한다.
- 대표선수가 5개의 콩주머니를 원 안으로 던지면 팀원들은 1개씩 받는다. 만약 콩주머니 2개를 잡아도 1개만 인정하고, 콩주머니를 원 밖으로 나가서 받거나 잡다가 원 밖으로 나가게 되면 인정하지 않는다.
- 받은 콩주머니의 개수가 팀의 나이가 된다.
- 정해진 나이에 먼저 도달한 팀이 승리한다.
- 만약 첫 활동에서 두 팀이 모두 정해진 나이에 도달하게 되면 새롭게 목표 나이를 올려서 정한다.

5) 교육적 효과

- 콩주머니를 던지고 받는 기본적인 운동 기능과 맡은 일에 관한 책무성이 결합된 활동이다.
- 손과 물체와의 협응 및 공간 조정력을 기를 수 있다.
- 팀원들과의 협동심과 순간적인 집중력을 기를 수 있다.
- 순발력과 민첩성이 신장된다.

7 원반 던지기

1) 개요

원반을 던지고 받는 동작을 통해서(축구, 농구, 핸드볼 등) 패스의 공간 활용 인지 능력을 높이고, 자신과 비행 물체와의 속도 · 거리 · 공간 등의 신체 인지 능력을 기르는 게임이다.

2) 준비물

원반, 라인기

3) 게임장의 모습

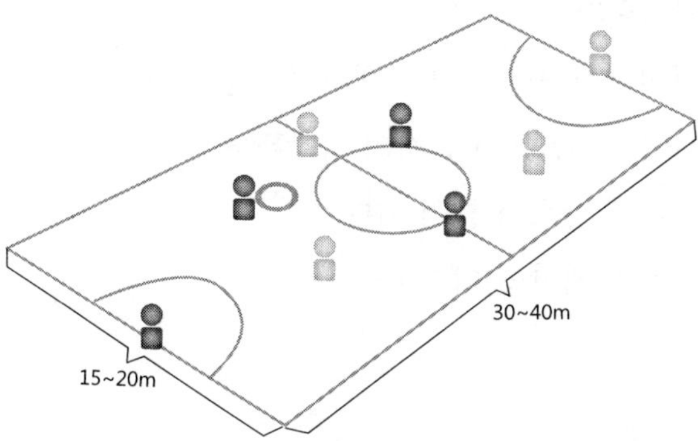

[그림 7－1] 원반 던지기 게임장

[그림 7-2] 원반 던지는 장면 (1)

4) 활동 방법

- 두 팀을 정한다.
- 원반을 땅에 떨어뜨리지 않고 [그림 7-2]와 같이 자기 팀에게 패스하면서 공격한다.
- 원반이 떨어지면 공격권이 상대방으로 넘어간다.
- 가까운 사이드라인에서 공격이 시작된다.
- 원반을 골대에 넣으면 골이 된다.
- 보호 구역 밖에서만 슛이 가능하다.

5) 교육적 효과

- 원반을 던지고 받는 기본 활동을 통해서 축구, 농구, 핸드볼과 같이 패스 기능이 요구되는 운동에 전이 효과가 크다.
- 손과 눈의 협응력을 향상시킬 수 있다.

• 접촉형 활동으로 공간 활용 능력을 증대시킬 수 있다.
• 민첩성, 순발력, 리듬감을 기를 수 있다.
• 레크리에이션 효과를 증대시킬 수 있다.

[그림 7—3] 원반 던지는 장면 (2)

8 간이 배구

1) 개요

정식 배구 게임을 할 수 없는 초등학교 학생들에게 배구를 할 수 있도록 변형한 게임이며, 딱딱한 공을 사용하지 않고 비치볼 등으로 할 수 있다.

2) 준비물

배구공, 네트, 라인기

3) 게임장의 모습

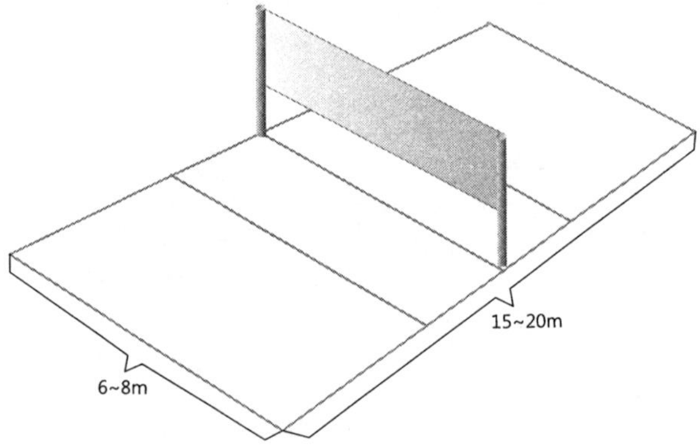

[그림 8－1] 간이 배구 게임장

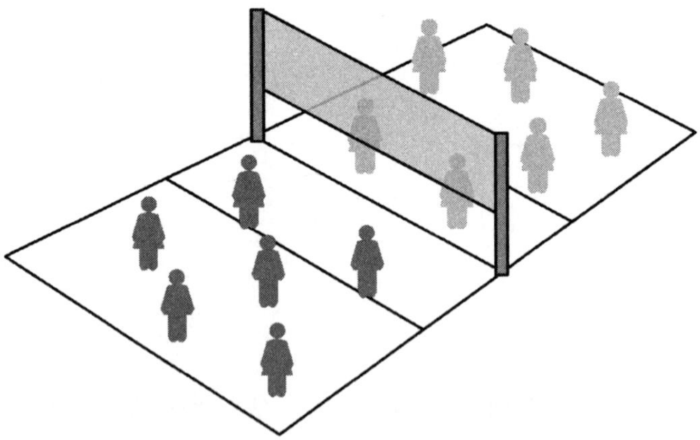

[그림 8－2] 간이 배구 준비 모습

[그림 8—3] 간이 배구 경기 모습 (1)

[그림 8—4] 간이 배구 경기 모습 (2)

4) 활동 방법

- 남녀 수에 상관없이 6~8명으로 팀을 정한다.
- 규칙은 배구 게임과 비슷하다.

- 남자는 공을 칠 수만 있고, 여자는 공을 잡을 수도 있고 칠 수도 있다(공을 잡는 것과 치는 것은 연속해서 할 수 없다).
- 남자가 공을 치거나 여자가 공을 잡는 경우는 한 번의 터치로 인정한다.
- 공격 시 공은 모두 세 번 이하로 터치한다. 네 번 이상 터치하면 실점을 한다.
- 남녀의 협력을 통해 상대방 지역으로 공을 넘겨 상대방이 못 받거나 공을 못 넘기는 경우, 또 터치 오버(4회 이상)가 되는 경우에 점수가 올라간다.
- 15점을 한 세트로 운영한다.

5) 교육적 효과

- 어려운 배구 기능을 초등학교 수준에 맞추고, 여자와 남자의 기능을 조절하여 게임화하였기 때문에 혼성으로 체육 활동을 할 수 있다.
- 배구 게임의 전략 인지와 게임 운영에 대한 이해를 높일 수 있다.
- 공과 나와의 위치감, 조정 능력 등을 기르고 구성원 간의 협동심과 책임감을 증대시킬 수 있다.

9 보자기 배구

1) 개요

친구와의 협동, 공과 위치와의 관계, 손 · 물체 · 보자기와의 협응력을 기를 수 있는 게임이다.

2) 준비물

배구공, 보자기, 라인기

3) 게임장의 모습

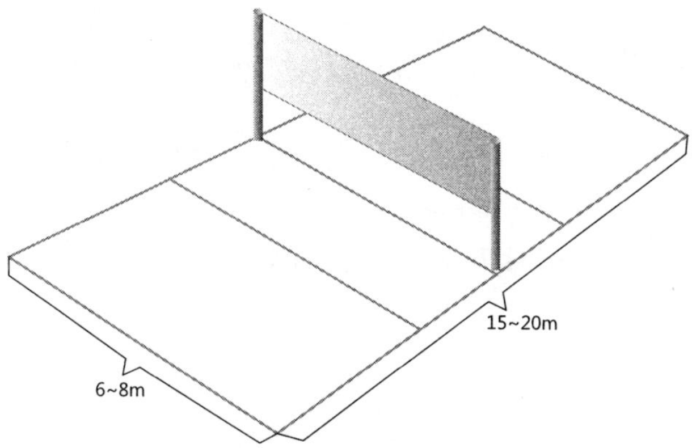

[그림 9-1] 보자기 배구 게임장

[그림 9-2] 보자기 배구 게임 모습

[그림 9-3] 보자기 배구의 패스 장면

4) 활동 방법

- 보자기 크기는 1×1m(혹은 80×80cm)이다.
- 2명이 양손으로 보자기를 잡고 [그림 9-2]와 같이 공을 수직으로 던지는 연습을 한다.
- 옆 조와 공을 보자기로 던지고 받는 연습을 한다.
- 한 팀에 세 조가 들어갈 수 있도록 팀을 구성한다.
- 서브는 보자기로 던져 넘긴다.
- 공을 받는 팀은 움직여서 받을 수 있지만 공을 받은 후에는 움직일 수 없다.
- 세 조 이상이 한 팀이 되어 게임을 할 때에는 배구 규칙과 같이 자기 코트에서 2회까지 패스가 가능하고 세 번의 터치 이내에 상대방 지역으로 공을 넘겨야 한다.
- 한 팀이 1개의 조로 구성된 경우에는 공을 한 번에 넘겨야 한다.

• 11점을 한 세트로 운영한다.

5) 교육적 효과

• 어려운 배구 기능을 초등학교 수준에 맞추고, 여자와 남자의 기능을 조절하여 게임화하였기 때문에 혼성으로 체육 활동을 할 수 있다.
• 배구 게임의 전략 인지와 게임 운영에 대한 이해를 높일 수 있다.
• 공과 나와의 위치감, 조정 능력 등을 기르고 구성원 간의 협동심과 책임감을 증대시킬 수 있다.
• 보자기와 공과 친구와의 일치된 협응 능력이 요구된다.

10 간이 테니스

1) 개요

초등학교 학생들이 테니스형 게임으로 눈 · 손 · 공의 협응관계 및 공의 성질, 공간지각 능력, 민첩성 등을 경험할 수 있도록 재구성한 놀이다.

2) 준비물

테니스공(또는 탱탱볼), 라인기

3) 게임장의 모습

[2인 게임장]

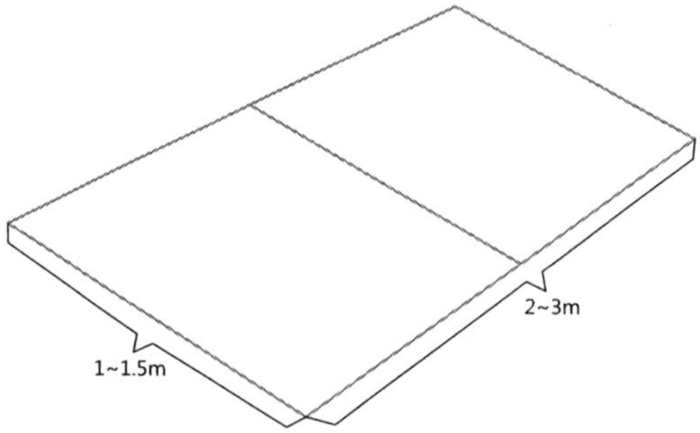

[그림 10-1] 2인용 간이 테니스 게임장

[4인 게임장]

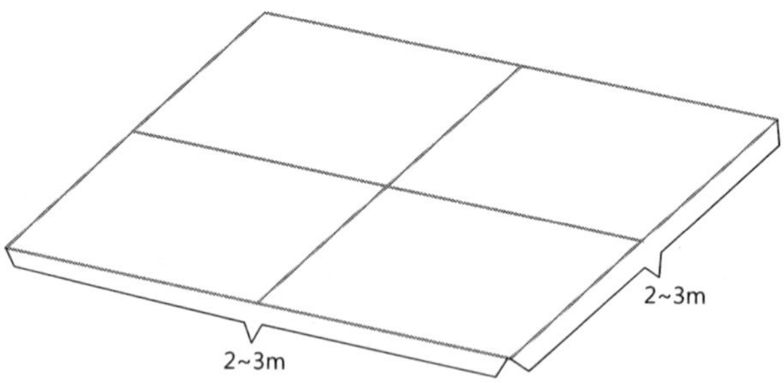

[그림 10-2] 4인용 간이 테니스 게임장

4) 활동 방법

• 두 팀에서 네 팀까지 정한다.

• 공을 바닥에 한 번 튀어 오르게 해서 상대편 지역으로 넘긴다.

• 자기 지역으로 오는 공을 상대편 지역으로 보내지 못하거나 공을 받지 못하면 실점한다.

• 심판이 게임장의 가운데에 있고, 5점을 먼저 실점하는 선수는 심판과 교대한다.

[그림 10−3] 2인용 간이 테니스 게임 모습

[그림 10−4] 2인용 간이 테니스 게임 장면

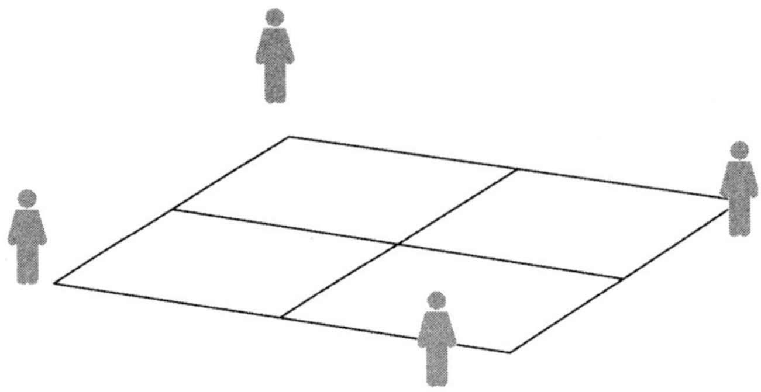

[그림 10-5] 4인용 간이 테니스 게임 모습

[그림 10-6] 4인용 간이 테니스 게임 장면

5) 교육적 효과

- 테니스 게임의 전략 인지와 게임 운영에 대한 이해를 높일 수 있다.
- 공과 나와의 위치감, 조정 능력 등을 기르고 구성원 간의 협동심과 책임감을 증대시킬 수 있다.

• 공과 친구와의 일치된 협응 능력이 요구된다.

11 당겨 일으키기 (1)

1) 개요

학생 간의 신뢰에 의한 협동심과 순발력을 기를 수 있는 게임이다.

2) 준비물

라인기

3) 게임장의 모습

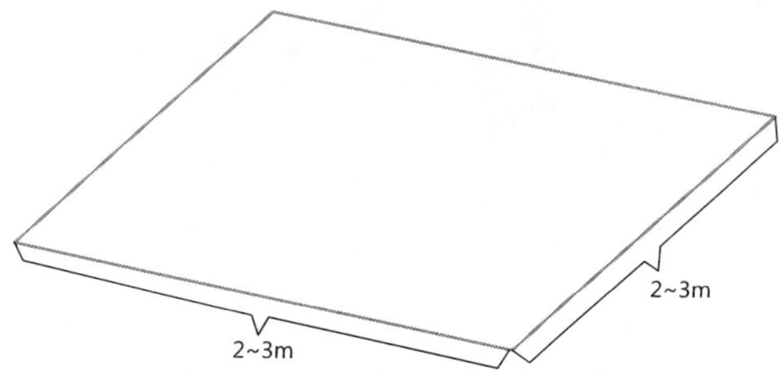

[그림 11－1] 당겨 일으키기 (1) 게임장

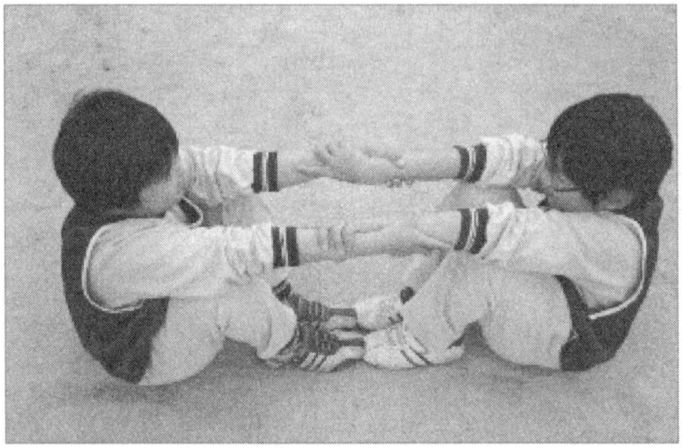

[그림 11－2] 2명이 당겨 일으키기 준비 장면

[그림 11－3] 2명이 당겨 일으키는 장면

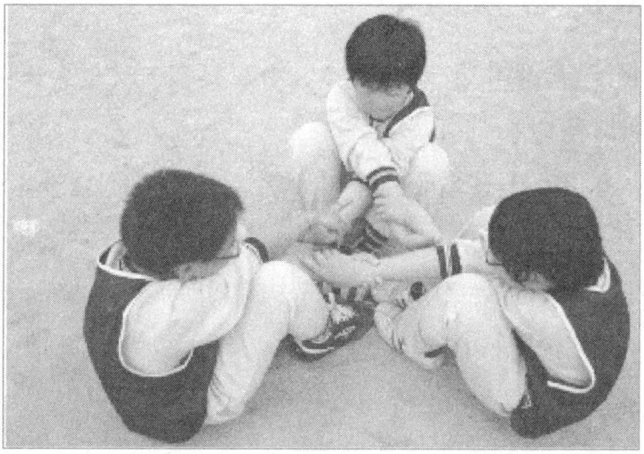

[그림 11－4] 당겨 일으키기의 바른 손잡기 장면

[그림 11－5] 당겨 일으키기의 그릇된 손잡기 장면

4) 활동 방법

- 2명 이상의 학생이 한 조가 되어 마주 보고 앉아서 양손을 마주 잡고 양 발바닥을 마주 댄다.
- 심판의 호루라기 신호에 따라 서로 온 힘을 다해 상대방을 잡아당겨 일으킨다.
- 허리가 약간 들리는 정도로는 성공이라 할 수 없고, 조원 전체가 모두 일어난 팀이 승리한다.

5) 교육적 효과

- 자신과 친구의 신체 관계를 인지할 수 있다.
- 균형 감각을 익힐 수 있다.
- 활동 자체가 집중을 필요로 하기 때문에 집중력을 기를 수 있다.
- 스킨십을 통해 친구와의 긍정적인 관계를 증대시킬 수 있다.

12 당겨 일으키기 (2)

1) 개요

4명 이상일 경우 학생 간의 신뢰에 의한 협동심과 순발력을 기를 수 있는 게임이다.

2) 준비물

라인기

3) 게임장의 모습

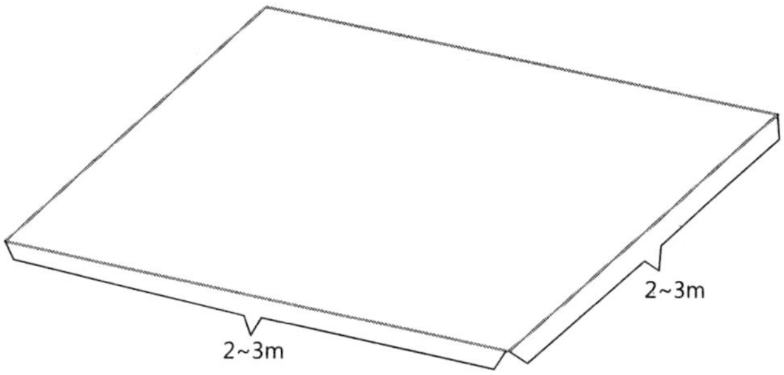

[그림 12-1] 당겨 일으키기 (2) 게임장

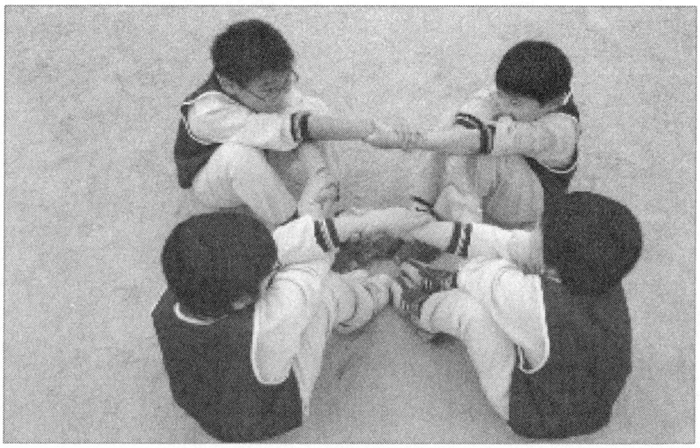

[그림 12-2] 4명이 당겨 일으키는 장면

4) 활동 방법

• 4명 이상의 학생이 실시한다.

- 팀끼리 게임할 수 있다.
- 서로 옆으로 원을 그리듯 앉아서 옆사람의 손목을 마주 잡고 양발 끝을 마주 댄다.
- 심판의 호루라기 신호에 따라 혼신의 힘을 다해 서로 힘의 균형을 이루면서 당겨 일으킨다.

5) 교육적 효과

- 자신과 친구의 신체 관계를 인지할 수 있다.
- 균형 감각을 익힐 수 있다.
- 활동 자체가 집중을 필요로 하기 때문에 집중력을 기를 수 있다.
- 스킨십을 통해 친구와의 긍정적인 관계를 증대시킬 수 있다.

13 거울처럼 따라하기

1) 개요

민첩성과 순발력을 기를 수 있는 게임이다.

2) 준비물

콘, 라인기

3) 게임장의 모습

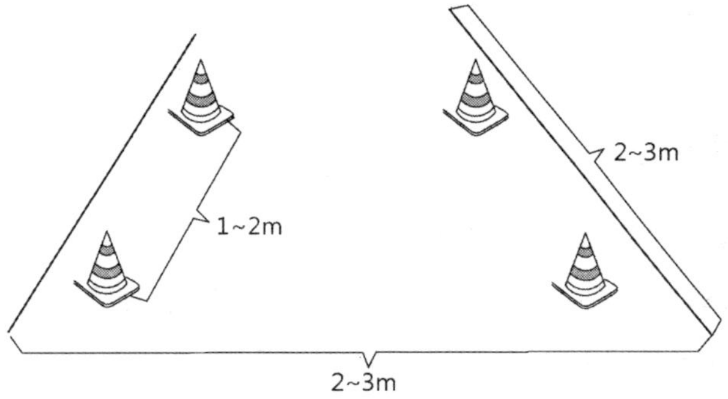

[그림 13－1] 거울처럼 따라하기 게임장

[그림 13－2] 거울처럼 따라하기 장면

4) 활동 방법

- [그림 13－2]와 같이 학생 2명이 마주 보고 선다.
- 상대방의 움직임에 따라 그대로 흉내 낸다.
- 어떤 방향으로든 움직여서 상대방의 균형을 잃게 하는 게임이다.

- 상대방이 나의 행동을 따라할 수 없게 행동하는 것이 중요하다.
- 먼저 균형을 잃고 넘어지거나 게임 중 상대방의 행동을 곧바로 흉내 내지 않으면 게임에서 진다.

5) 교육적 효과

- 창의적인 신체 표현을 이끌어 낼 수 있다.
- 상대방의 표현을 그대로 모방하기 위한 노력을 통해 신체 운동의 감각적 지능을 계발할 수 있고 균형 감각을 익힐 수 있다.

14 회전목마

1) 개요

민첩성과 순발력을 기를 수 있는 게임이다.

2) 준비물

라인기

3) 게임장의 모습

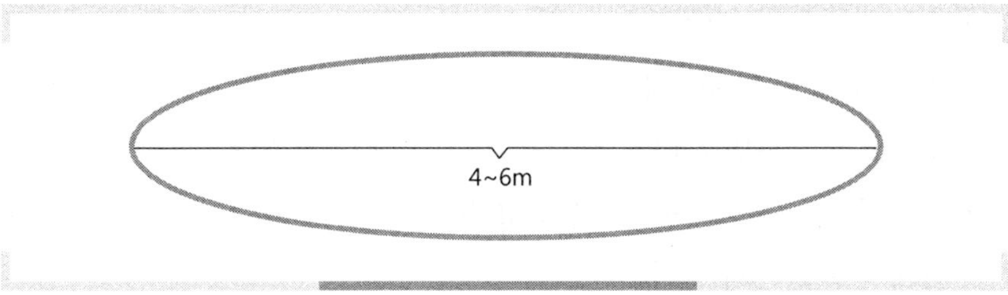

[그림 14—1] 회전목마 게임장

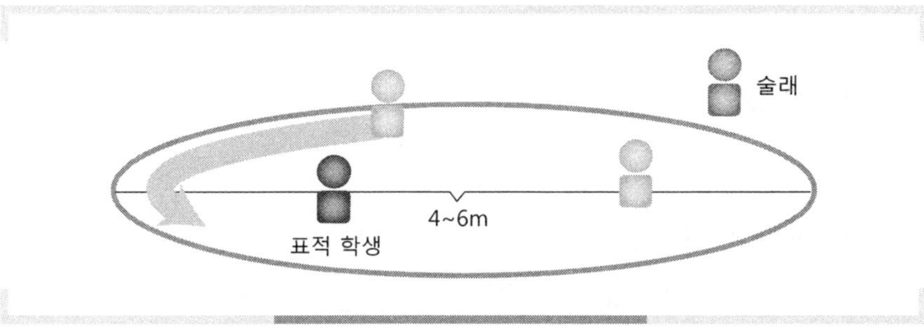

[그림 14—2] 회전목마 게임 모습

[그림 14—3] 표적 학생을 터치하려는 장면

4) 활동 방법

- 표적 학생을 술래에게 알린다.
- 표적 학생은 술래에게 잡히지 않기 위해 [그림 14-3]과 같이 둥근 대형을 유지하면서 다른 학생들과 원 안에서 피한다.
- 원 안에 있는 학생들은 손을 잡고 표적 학생을 술래로부터 보호하기 위해서 민첩하게 움직인다.
- 술래는 원 밖에서 표적 학생을 터치해야 하고, 원 안으로 들어갈 수 없다.

5) 교육적 효과

- 민첩성과 순발력을 기를 수 있다.
- 준비 운동 형태로 즐겁게 실행할 수 있다.
- 단순한 규칙을 가지고 좁은 공간에서 많은 학생이 참여할 수 있다.

15 순발력 게임

1) 개요

달리기, 순간 판단력, 페인트 모션(속이는 동작), 민첩성 등을 기본으로 고도의 심리적 전략이 요구되는 게임이다.

2) 준비물

공, 콘 1개

3) 게임장의 모습

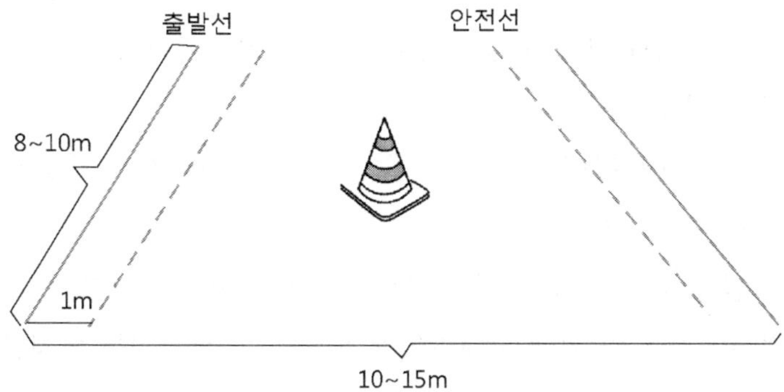

[그림 15－1] 순발력 게임장

[그림 15－2] 공을 먼저 가져가는 학생을 터치하려는 장면

4) 활동 방법

- 공을 콘 위에 올려놓는다.
- [그림 15－1]과 같이 출발선에서 신호 소리에 따라 양 팀의 학생이 1명씩 출발한다.
- [그림 15－2]와 같이 양 팀 학생 중 먼저 공을 잡아서 자기 팀의 안전선까지 가지고 가면 이긴다.
- 공을 잡을 수 있는 좋은 때를 골라서 잡고 달아나야 한다.
- 안전선에 이르기 전에 상대방에게 몸의 어느 부분이든 터치를 당하면 실패하고, 상대 팀이 이기게 된다.

5) 교육적 효과

- 민첩성과 순발력을 기를 수 있다.
- 단순한 규칙을 가지고 좁은 공간에서 많은 학생이 참여할 수 있다.
- 접촉형 구기 운동에 전이 효과가 크다.
- 레크리에이션 효과를 증대시킬 수 있다.

16 사방 피구 (1)

1) 개요

공격의 범위가 넓고 민첩한 수비가 요구되는 피구 게임이다.

2) 준비물

피구공, 라인기

3) 게임장의 모습

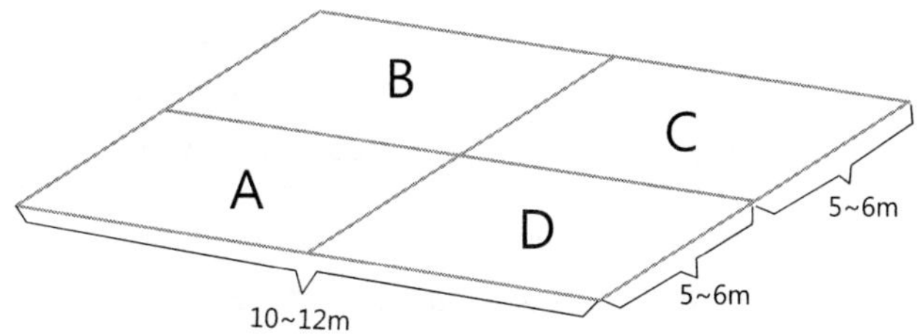

[그림 16—1] 사방 피구 (1) 게임장

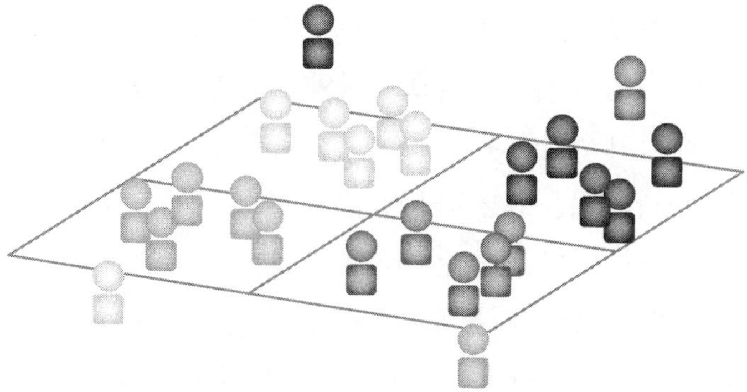

[그림 16—2] 사방 피구 (1) 게임 모습

[그림 16－3] 사방 피구 (1) 게임 장면

4) 활동 방법

- 사방 피구 (1)은 [그림 16－1]과 같이 A, B, C, D 네 팀으로 구성한다.
- 사각형 안에 있는 학생은 수비수, 사각형 밖에 있는 학생은 공격수다.
- 각 팀에서 1명씩 사각형 밖으로 나와 자기 팀의 공격 구역에 [그림 16－2]와 같이 위치한다.
- 공격수는 다른 팀을 공격하되 자기 팀 구역에서만 공격할 수 있다.
- 다른 팀 구역에 들어간 공은 가져올 수 없다.
- 가장 늦게까지 남아 있는 팀이 1등이 된다. 순위를 통해 계속 게임을 하고 싶다면 네 칸의 크기를 실력에 따라 다르게 그려 순위별로 큰 칸에 들어갈 수 있게 한다.
- 인원이 많을 경우 게임장을 크게 그리거나 공을 2개 이상 활용한다.
- 공을 잡지 못하면 아웃이 되고, 공이 바닥에 튀어서 맞으면 아웃이 아니다.
- 그 밖의 규칙은 피구 규칙을 따른다.

5) 교육적 효과

- 민첩성과 순발력을 기를 수 있다.
- 접촉형 구기 운동에 전이 효과가 크다.
- 레크리에이션 효과를 증대시킬 수 있다.
- 던지고 받고 피하는 운동 능력을 향상시킬 수 있다.
- 팀원 간의 협동 능력을 배양할 수 있다.
- 단순한 규칙을 가지고 좁은 공간에서 많은 학생이 참여할 수 있다.

17 사방 피구 (2)

1) 개요

공격의 범위가 넓고 민첩한 수비가 요구되는 피구 게임이다.

2) 준비물

피구공, 라인기

3) 게임장의 모습

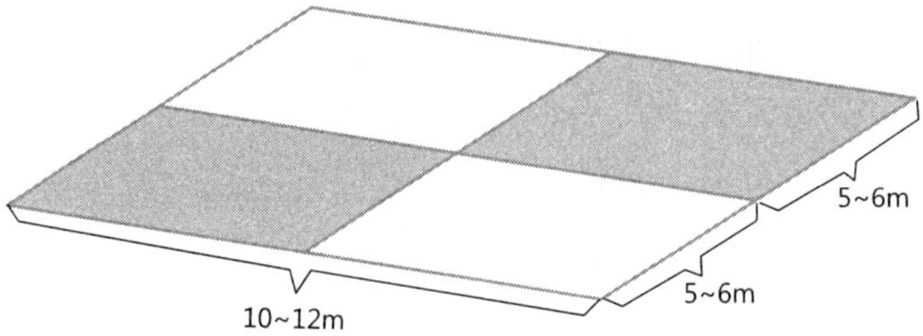

[그림 17-1] 사방 피구 (2) 게임장

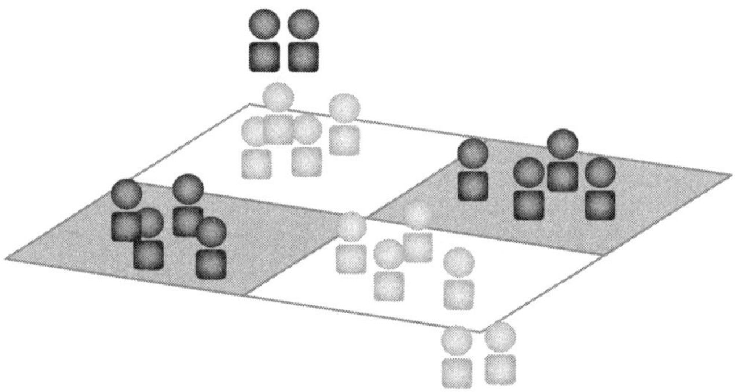

[그림 17-2] 사방 피구 (2) 게임장 모습

4) 활동 방법

- 사방 피구 (2)는 사방 피구 (1)에 보호막 피구 방법을 응용한 것이다.
- [그림 17-2]와 같이 대각선으로 같은 편이 들어간다.
- 사각형 안에 있는 학생은 수비수, 사각형 밖에 있는 학생은 공격수다.
- 공격수가 2명씩 나와서 안에 있는 수비수가 공을 맞으면 차례로 교

대한다.

- 공격수는 네 칸 밖에서 어느 곳으로 움직여도 상관없다.
- 수비수는 같은 편 칸(대각선)으로 넘나들 수 있다. 이때 상대편이 넘나들지 못하도록 중간에서 막거나 걸쳐 서 있으면 안 된다.
- 남자가 여자를 맞추거나 여자가 남자를 맞추면 무효다.
- 남자가 남자를 공격할 때 여자가 보호할 수 있고, 여자가 여자를 공격할 때 남자가 보호할 수 있다.
- 인원이 많을 경우 공을 2개 이상 활용할 수 있다.
- 그 밖의 규칙은 피구 규칙을 따른다.

5) 교육적 효과

- 민첩성과 순발력을 기를 수 있다.
- 접촉형 구기 운동에 전이 효과가 크다.
- 레크리에이션 효과를 증대시킬 수 있다.
- 던지고 받고 피하는 운동 능력을 향상시킬 수 있다.
- 팀원 간의 협동 능력을 배양할 수 있다.

18 별 피구

1) 개요

공격의 범위가 넓고 민첩한 수비가 요구되는 피구 게임이다.

2) 준비물

피구공, 라인기

3) 게임장의 모습

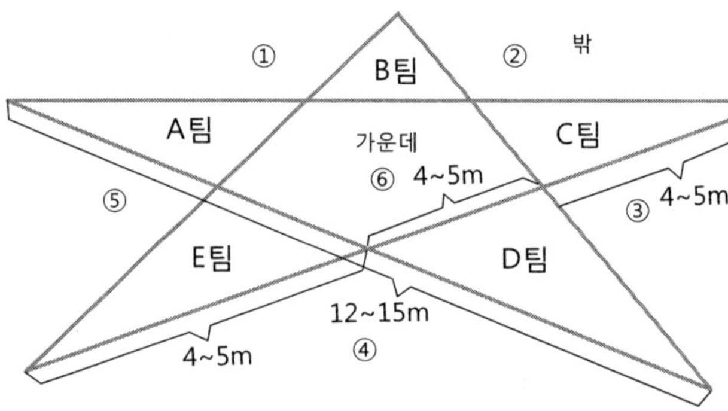

[그림 18－1] 별 피구 게임장

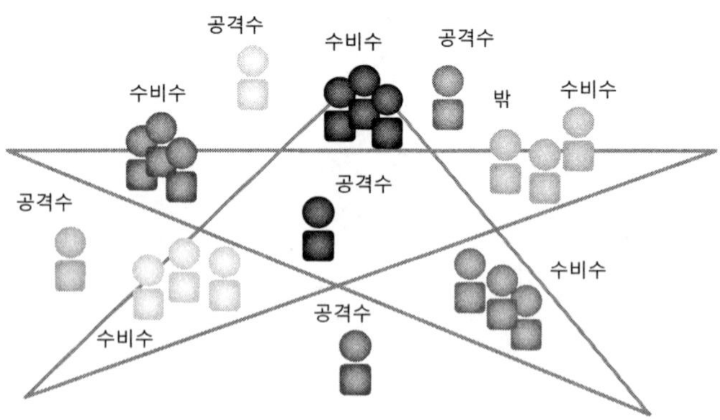

[그림 18－2] 별 피구 게임 모습

[그림 18－3] 별 피구 게임 장면

4) 활동 방법

- [그림 18－1] 과 같이 다섯 팀으로 나눈다.
- [그림 18－2]와 같이 별의 가운데와 밖에는 공격수가 들어가고 주위 삼각형에는 수비수가 들어간다.
- 게임 전에 각 팀에서 공격수를 1명씩 내보내고 상대편을 공격하며, 자기편 수비수가 공을 맞고 나오면 교대한다.
- 각 팀끼리 연합하여 게임을 할 수도 있다.
- 공격은 [그림 18－1]에 표시된 ①~⑥ 구역을 자유자재로 넘나들며 상대를 맞출 수 있다.
- 인원이 많을 경우 공을 2개 이상 활용하는 것이 좋다.
- 그 밖의 규칙은 피구 규칙을 따른다.

5) 교육적 효과

- 민첩성과 순발력을 기를 수 있다.
- 접촉형 구기 운동에 전이 효과가 크다.
- 레크리에이션 효과를 증대시킬 수 있다.
- 던지고 받고 피하는 운동 능력을 향상시킬 수 있다.
- 팀원 간의 협동 능력을 배양할 수 있다.

19 스파이 피구

1) 개요

공격의 범위가 넓고 민첩한 수비가 요구되는 피구 게임이다.

2) 준비물

피구공, 라인기

3) 게임장의 모습

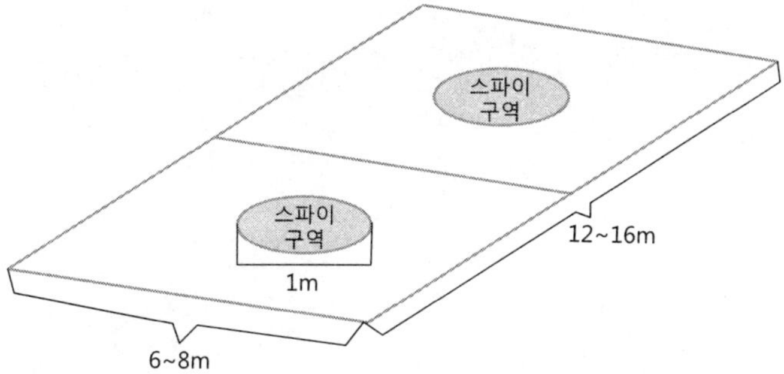

[그림 19－1] 스파이 피구 게임장

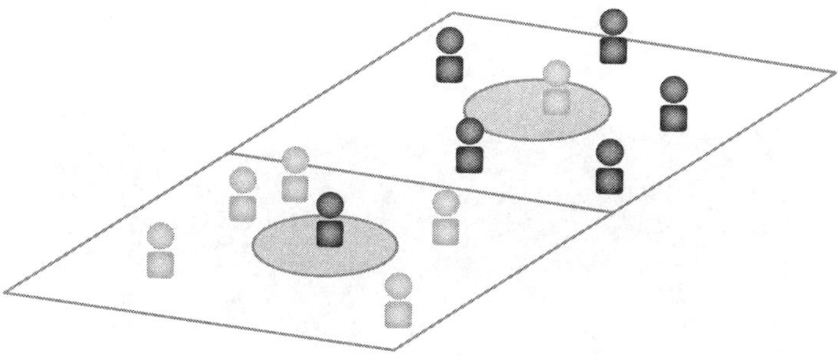

[그림 19－2] 스파이 피구 게임 모습

[그림 19-3] 스파이 피구 게임 장면 (1)

[그림 19-4] 스파이 피구 게임 장면 (2)

4) 활동 방법

• 일반 피구와 방법이 거의 같지만 [그림 19-1]과 같이 스파이 구역에

상대편 학생 1명이 들어가서 게임을 한다는 차이가 있다.

- 자기 편 쪽의 스파이 구역에는 들어갈 수 없다.
- 스파이 구역에 들어가 있는 상대편 학생은 가까운 곳에서 공격을 할 수 있기 때문에 유리하다.
- 게임 시작 전에 1명씩 밖에 나와 있고, 자기 팀 수비수가 아웃되면 먼저 나가 있던 학생과 바꾼다.

5)교육적 효과

- 민첩성과 순발력을 기를 수 있다.
- 접촉형 구기 운동에 전이 효과가 크다.
- 레크리에이션 효과를 증대시킬 수 있다.
- 던지고 받고 피하는 운동 능력을 향상시킬 수 있다.
- 팀원 간의 협동 능력을 배양할 수 있다.

20 원 피구

1) 개요

공격의 범위가 넓고 민첩한 수비가 요구되는 피구 게임이다.

2) 준비물

피구공, 라인기

3) 게임장의 모습

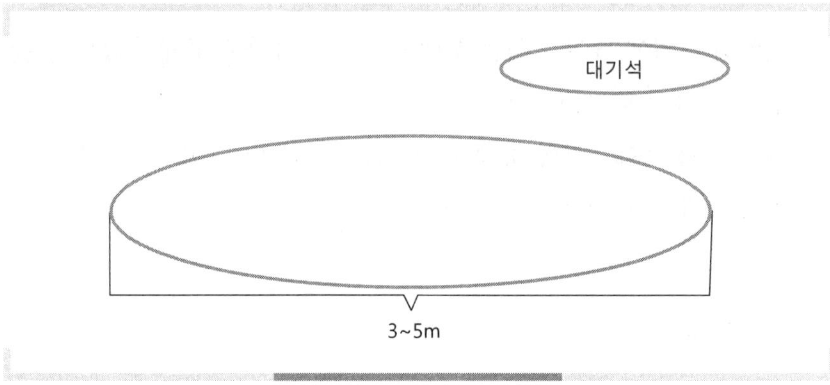

[그림 20-1] 원 피구 게임장

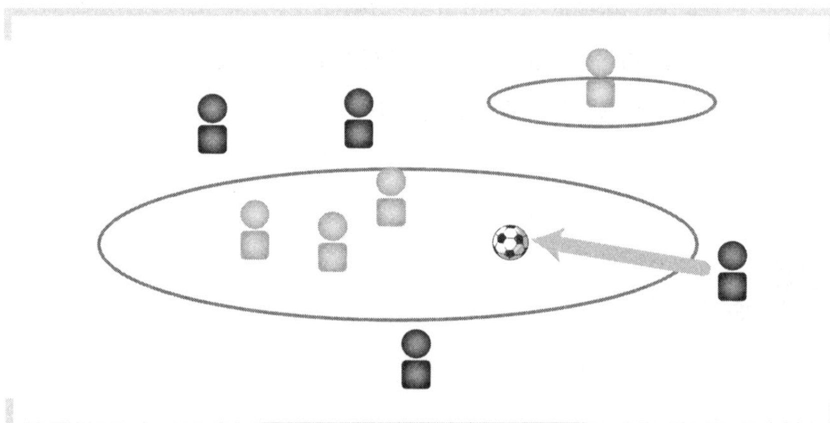

[그림 20-2] 원 피구 게임 모습

[그림 20－3] 원 피구 게임 장면

4) 활동 방법

- 한 반을 두 팀으로 나눈다.
- 수비수는 원 안으로 들어가고 공격수는 원 밖에서 공을 굴려 수비수를 맞춘다.
- 공을 맞은 수비수는 [그림 20－2]와 같이 원 밖에 있는 대기석에 서 있어야 한다.
- 공격수가 공을 굴릴 때 공이 튀지 않도록 하고 공이 튀면 수비수 1명을 살릴 수 있다.
- 공을 2개 이상 활용하면 활동이 많아진다.
- 모든 수비수가 공에 맞으면 공수를 바꾼다.
- 그 밖의 규칙은 피구 규칙에 따른다.

5) 교육적 효과

- 민첩성과 순발력을 기를 수 있다.
- 접촉형 구기 운동에 전이 효과가 크다.
- 레크리에이션 효과를 증대시킬 수 있다.
- 던지고 받고 피하는 운동 능력을 향상시킬 수 있다.
- 팀원 간의 협동 능력을 배양할 수 있다.

21 여왕벌 피구

1) 개요

공격의 범위가 넓고 민첩한 수비가 요구되는 피구 게임이다.

2) 준비물

피구공, 라인기

3) 게임장의 모습

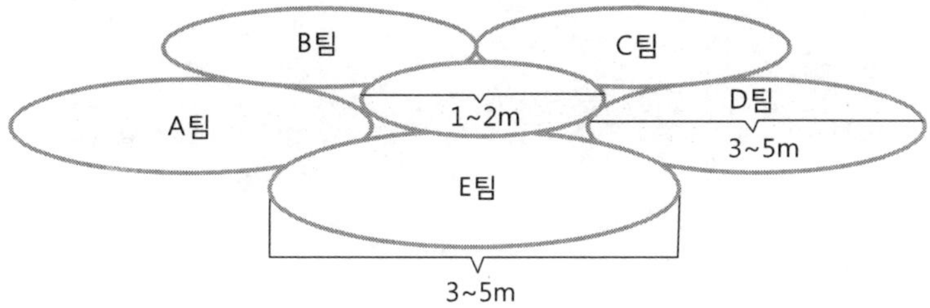

[그림 21－1] 여왕벌 피구 게임장

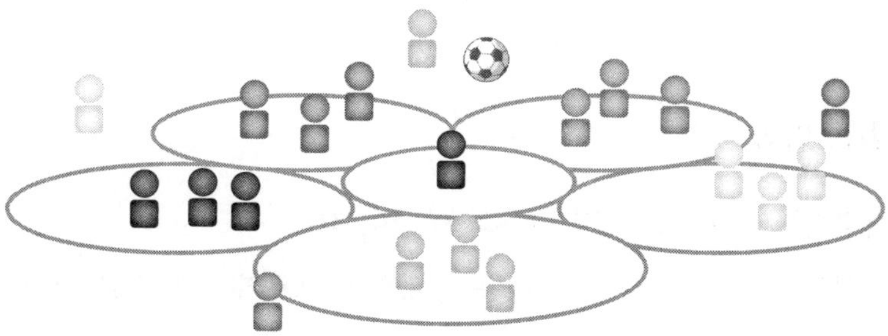

[그림 21－2] 여왕벌 피구 게임 모습

[그림 21－3] 여왕벌 피구 게임 장면

4) 활동 방법

- 사방 피구 (2)의 보호막 피구와 방법이 같다.
- 게임을 시작하기 전에 각 팀은 상대팀이 모르게 여왕벌을 미리 정해 심판에게 말한다.
- 상대 팀이 여왕벌을 알아채지 못하게 하고, 같은 팀은 여왕벌을 보호해야 한다.
- [그림 21－2]와 같이 게임 전에 각 팀에서 공격수를 1명씩 원 밖으로 내보내서 상대편을 공격하고, 수비수가 공을 맞고 아웃되면 자기편 공격수와 교대한다.
- 공격수는 [그림 21－2]와 같이 원 가운데와 원 밖을 다니면서 공격할 수 있다.
- 여왕벌이 공에 맞는 팀은 모두 아웃된다.
- 그 밖의 규칙은 피구 규칙에 따른다.

5) 교육적 효과

- 민첩성과 순발력을 기를 수 있다.
- 접촉형 구기 운동에 전이 효과가 크다.
- 레크리에이션 효과를 증대시킬 수 있다.
- 던지고 받고 피하는 운동 능력을 향상시킬 수 있다.
- 팀원 간의 협동 능력을 배양할 수 있다.

22 다양한 공 던지기

1) 개요

다양한 무게, 크기, 모양의 공을 목표물에 정확하게 던지는 경험을 해봄으로써 상황 변화에 대한 조정 감각을 기를 수 있다.

2) 준비물

콩주머니, 축구공, 배구공, 탱탱볼, 테니스공, 핸드볼공 등 다양한 무게, 크기, 모양의 다섯 가지 공, 통(우산통 등), 라인기

3) 게임장의 모습

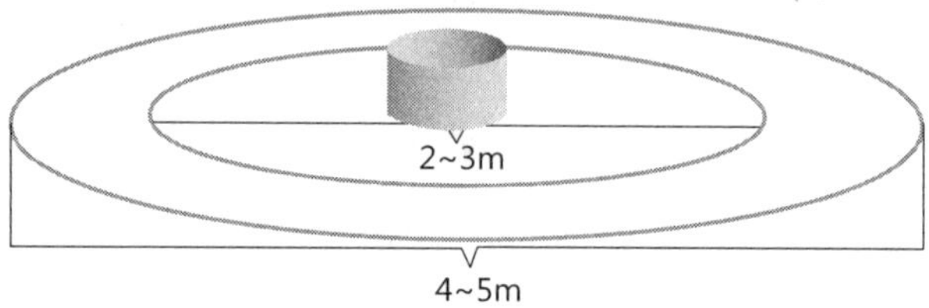

[그림 22-1] 다양한 공 던지기 게임장

[그림 22-2] 다양한 공 던지기에 사용되는 공

[그림 22-3] 다양한 공 던지기의 한 장면

4) 활동 방법

- 팀은 다양하게 구성할 수 있다.
- 1대 1 팀 게임도 가능하다.
- 공을 던지는 위치는 지름 2~3m 또는 4~5m 원 어느 곳에서든 가능하다. 이때 교사가 학생의 능력을 고려하여 융통성 있게 거리를 조정할 수 있다.
- 목표지점으로 원을 그리거나 통, 상자 등을 이용한다.
- 공을 던질 학생의 순서가 정해지면 크기가 작은 공부터 큰 공 순으로 던진다.
- 목표지점에 공이 많이 들어간 팀이 승리한다.

5) 교육적 효과

- 물체의 무게, 크기, 모양에 따른 노력 인지 능력을 증대시킬 수 있다.
- 뇌 발달을 위한 많은 자극을 제공할 수 있다.
- 집중력과 침착성, 집중력을 향상시킬 수 있다.
- 레크리에이션 효과를 얻을 수 있다.

23 우유팩 던져서 받기

1) 개요

공간지각력을 통해 물체를 정확히 던져서 신체의 일부인 등으로 받거나 맞추는 게임으로, 물체와 몸의 협응력을 기를 수 있다.

2) 준비물

우유팩, 라인기

3) 게임장의 모습

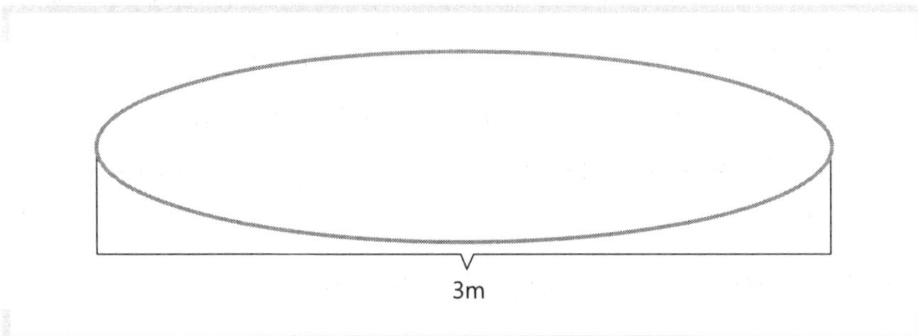

[그림 23-1] 우유팩 던져서 받기 게임장

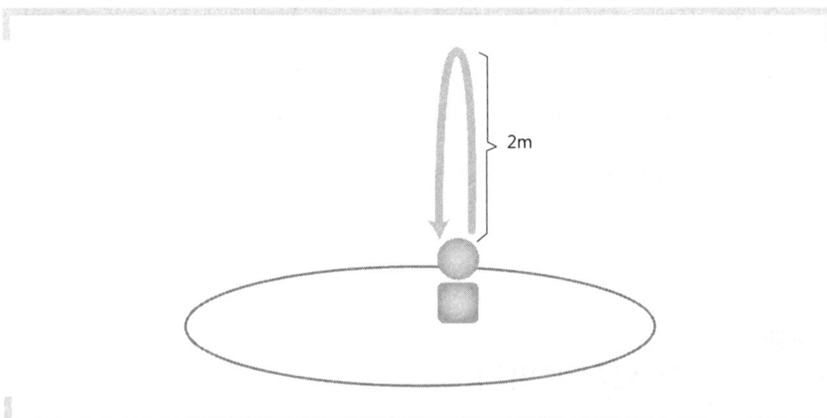

[그림 23-2] 스스로 우유팩을 던져 받는 모습

[그림 23－3] 우유팩 던져 받기 장면

4) 활동 방법

- 머리로부터 최소 2m 이상 위로 던진다.
- 우유팩을 등으로 받으면 2점을 획득하고, 등이 아닌 다른 부분을 맞추면 1점, 못 맞추면 0점이 된다.
- 우유팩을 게임장 밖에서 받으면 0점이 된다.
- 각각의 득점수에 따라 진행되므로 개인별, 팀별 게임이 가능하다.

5) 교육적 효과

- 공간지각 능력, 물체와 몸의 관계 인지 등을 신장시킬 수 있다.
- 1 대 1 활동으로 참여율을 높일 수 있다.
- 물체와 자신과의 위치감 선정에 대한 내적 피드백을 증가시킬 수 있다.

24 훌라후프 통과하기

1) 개요

반환점을 돌아오는 게임으로서 게임 상황을 자기 편에게 유리하게 만드는 전략을 세워야 한다.

2) 준비물

훌라후프 1개, 막대기, 긴 끈, 배턴

3) 게임장의 모습

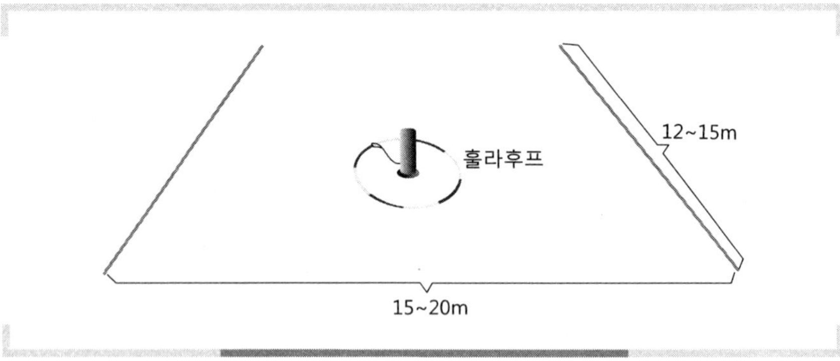

[그림 24-1] 훌라후프 통과하기 게임장

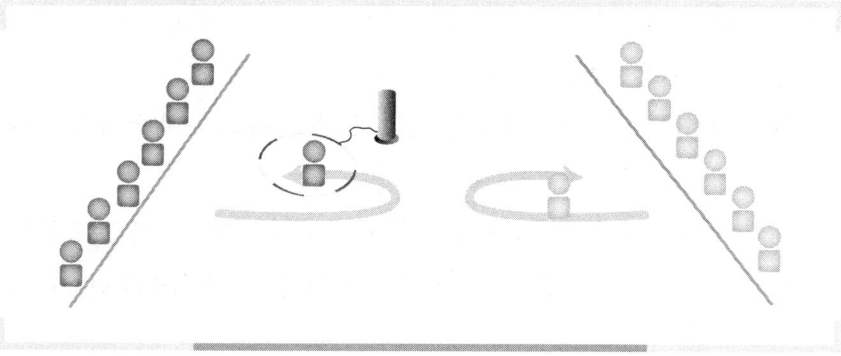

[그림 24－2] 훌라후프 통과하기 게임 모습

[그림 24－3] 훌라후프 통과하기 게임 장면

4) 활동 방법

• [그림 24－2]와 같이 두 팀으로 나눈 후 1명씩 지정된 장소로 나와 끈에 매어 있는 훌라후프를 통과하고 다음 학생에게 배턴을 전해 주는 릴레이 게임이다.

- 두 팀은 서로 마주 보고 서 있고 시작 신호와 함께 순서대로 1명씩 출발하여 훌라후프를 통과한다.
- 각 팀의 학생들이 릴레이로 훌라후프를 통과하고 마지막 학생이 먼저 들어오는 팀이 이기게 된다.
- 게임 도중 자신이 훌라후프를 통과한 후 상대 팀이 훌라후프를 통과하기 곤란하게 훌라후프의 위치를 이동시킬 수 있다(멀리 던지고 돌아오기 등).

5) 교육적 효과

- 짧은 거리의 달리기 능력을 향상시킬 수 있고, 게임 전략에 대한 사고가 요구된다.
- 팀원 간의 협동심, 소속감, 책무성 등을 신장시킬 수 있다.

25 공간지각 게임

1) 개요

공을 가지고 두 공간을 통과하는 것으로 공간지각력을 기르는 게임이다.

2) 준비물

훌라후프 2개, 축구공 또는 배구공

3) 게임장의 모습

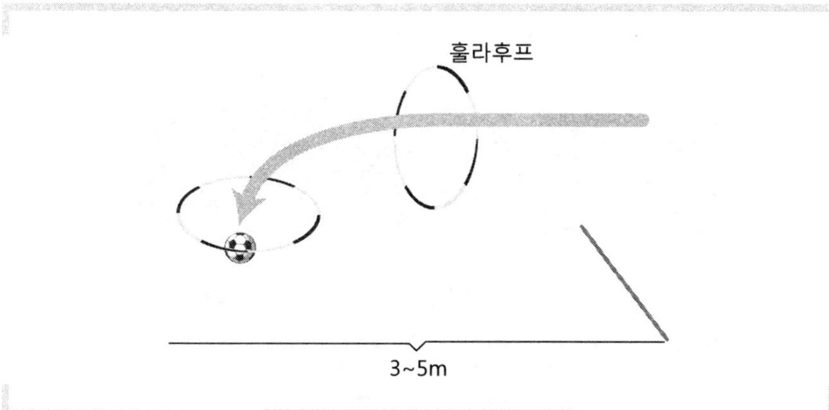

[그림 25－1] 공간지각 게임장

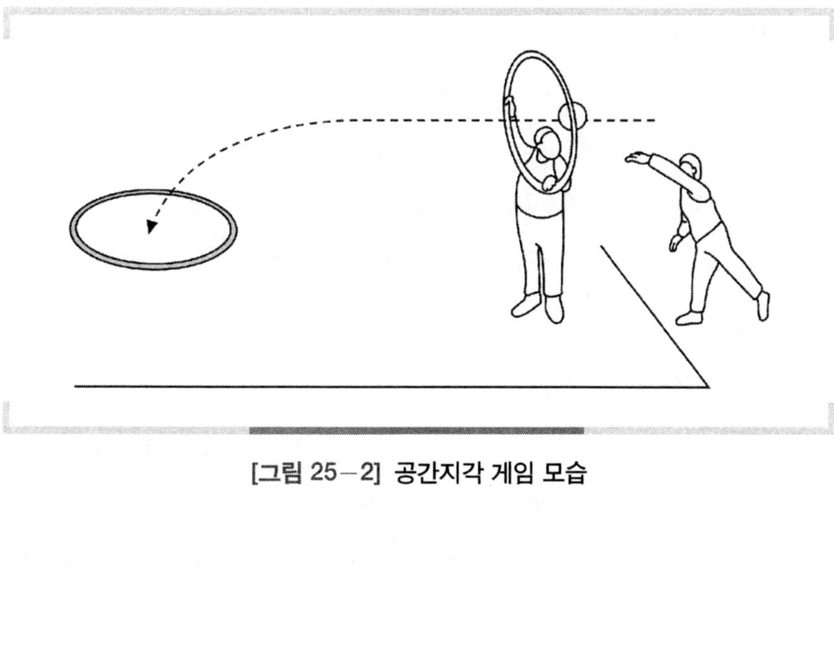

[그림 25－2] 공간지각 게임 모습

[그림 25－3] 공간지각 게임 장면

4) 활동 방법

- 개인 중심으로 게임을 진행한다.
- 팀별 게임도 가능하다.
- [그림 25－3]과 같이 공을 던져 2개의 훌라후프를 통과하면 2점, 하나의 훌라후프만 통과하면 1점, 2개 모두 통과를 못하면 0점이 된다.

5) 교육적 효과

- 공간지각 능력, 물체와 몸의 관계 인지 등을 신장시킬 수 있다.
- 1 대 1 활동으로 참여율을 높일 수 있다.
- 물체와 자신과의 위치감 선정에 대한 내적 피드백을 증가시킬 수 있다.

26 벽 축구

1) 개요

좁은 공간에서 많은 학생들이 동시에 축구 게임을 즐길 수 있는 방법으로서, 라인 밖 벽에 서서 함께 게임에 참여한다.

2) 준비물

축구공, 라인기

3) 게임장의 모습

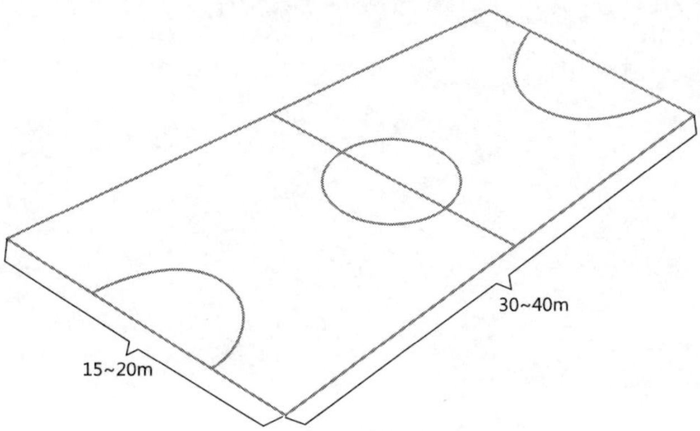

[그림 26－1] 벽 축구 게임장

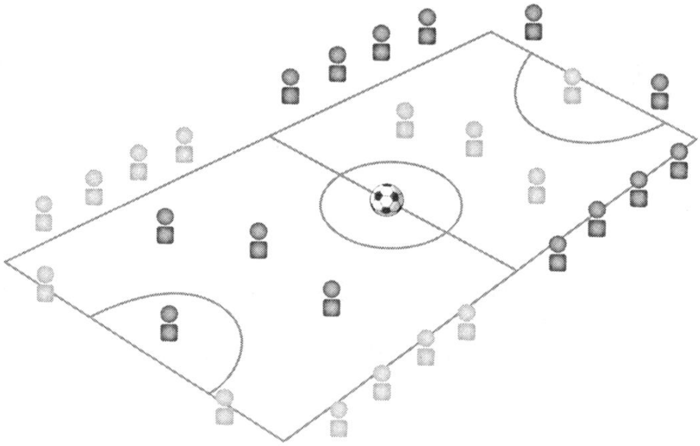

[그림 26-2] 벽 축구 게임 모습

[그림 26-3] 벽 축구 게임 장면

4) 활동 방법

- [그림 26－2]와 같이 공격수와 수비수가 위치한다.
- 중앙선을 기준으로 골대를 제외한 상대편 구역 라인 밖에 자기편이 벽을 만든다.
- 규칙은 축구 게임 규칙을 따른다.
- 라인 밖에 벽을 이루며 서 있는 학생은 자기 팀이 유리하게 공을 찰 수 있다.
- 공이 라인을 넘어서는 경우 라인에 서 있는 학생이 드로잉을 해 준다.
- 후반전이 되면 라인 안에서 뛰고 있는 학생과 라인 밖에 있는 학생을 교체한다.
- 전, 후반으로 나누어 진행한다.

5) 교육적 효과

- 모든 학생이 참여할 수 있어 운동 참여 시간(ALT)을 높일 수 있으며, 공을 터치할 수 있는 시간과 기회가 많다.
- 좁은 공간에서 축구 기능을 향상시킬 수 있으며 순간 패스 능력이나 공간 활용 능력을 신장시킬 수 있다.
- 레크리에이션 효과를 증대시킬 수 있다.

27 게 축구

1) 개요

팔의 근력 및 근지구력을 기본으로 전략, 신체의 유연성, 근육 등을 발달시킬 수 있는 게임이다.

2) 준비물

축구공, 라인기

3) 게임장의 모습

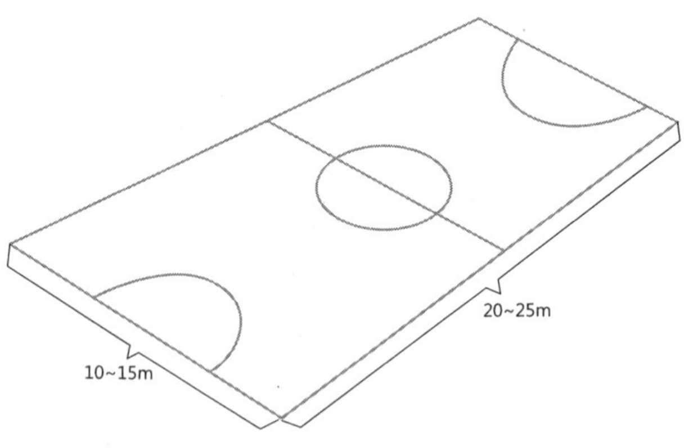

[그림 27-1] 게 축구 게임장

[그림 27-2] 게 축구 게임 장면

4) 활동 방법

- 팀별 게임으로 한다.
- [그림 27-2]와 같이 진행하며, 엉덩이가 닿은 채 패스나 슛은 할 수 없고, 엉덩이를 땅에 대고 휴식을 취할 수 있다.
- 게임 중에 선수를 자유롭게 교체할 수 있다.
- 골키퍼는 없으며 슛라인 밖에서만 슛을 할 수 있다.
- 이 외의 게임 규칙은 축구 게임에 따른다.

5) 교육적 효과

- 모든 학생이 참여할 수 있어 운동 참여 시간(ALT)을 높일 수 있으며, 공을 터치할 수 있는 시간과 기회가 많다.
- 좁은 공간에서 축구 기능을 향상시킬 수 있으며, 순간 패스 능력이나 공간 활용 능력을 신장시킬 수 있다.
- 레크리에이션 효과를 증대시킬 수 있다.

• 팔근육, 등근육, 복근 등을 키울 수 있다.

28 땅 빼앗기

1) 개요

미식축구 경기 방식과 같이 이긴 팀이 영역을 점령하면서 전진해 가는 게임이다. 밀고 당기기를 통한 평형성, 근력 및 근지구력을 기본으로 전략과 힘의 분배 등을 익힐 수 있다.

2) 준비물

축구공, 칠판(실내 게임의 경우)

3) 게임장의 모습

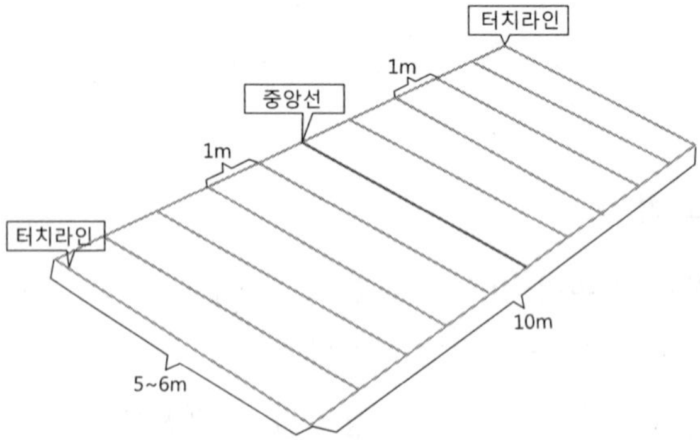

[그림 28－1] 땅 빼앗기 게임장

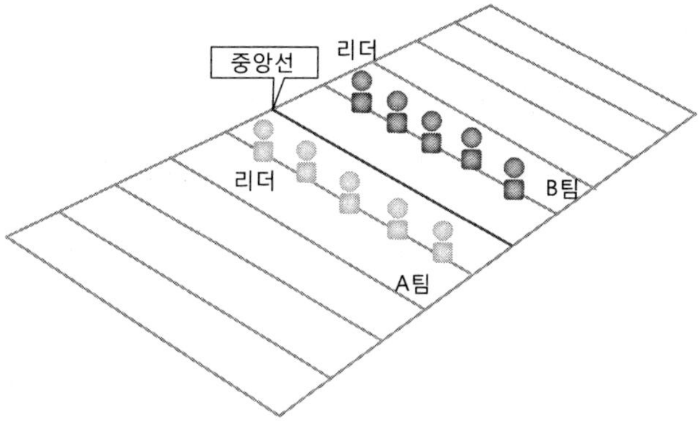

[그림 28－2] 땅 빼앗기 게임 모습

4) 활동 방법

- 두 팀으로 나눈다.
- [그림 28－1]과 같이 양쪽 터치라인까지가 10m이고, 1m 간격으로 선을 긋되 5m 지점은 중앙선이 된다.
- 각 팀은 [그림 28－2]와 같이 중앙선에서 1m 떨어진 선에 한 줄로 상대 팀과 마주 보고 선다.
- 리더는 심판이 제시한 게임에 따라 게임 전략을 세운다.
- 순번을 정하고 상대 팀 순번과 나란히 선다. 이때 리더는 자기 팀이 승리할 수 있도록 전략적으로 순번을 정한다(종이에 자기 팀 이름을 순서대로 적어 심판에게 준다).
- 자기 번호와 같은 상대와 겨룬다.
- 게임에서 이긴 학생이 많은 팀은 1m 앞으로 가고, 상대 팀은 1m 뒤로 간다.
- 상대 팀을 터치라인 밖으로 내보내면 게임이 끝난다.

• 땅 빼앗기 게임에서는 닭싸움, 양손 밀기, 중심 무너뜨리기와 같이 여러 게임이 가능하다.
  – 실내에서 할 경우 커다란 칠판을 이용해서 선을 표시하여 진행하고, 운동장에서 할 경우 땅에 선을 긋고 진행한다.

5) 교육적 효과

• 다양한 친구들과 신체 접촉을 통해 서로 간의 관계를 증진할 수 있다.
• 다양한 능력의 학생과 겨루어 보기 때문에 활동에 대한 여러 가지 체험을 하게 된다.
• 실제 게임인 미식축구에 대한 관심과 이해를 증대시킬 수 있다.

29 헤딩돌이

1) 개요

친구들과의 협동, 공과 신체의 위치, 거리, 헤딩에 대한 정확한 타이밍, 공과 이마와의 협응력, 방향 감각 등이 요구되는 게임으로 축구 기술을 향상시킬 수 있다.

2) 준비물

배구공 또는 탱탱볼 20개, 라인기, 공을 담는 플라스틱 바구니 2개

3) 게임장의 모습

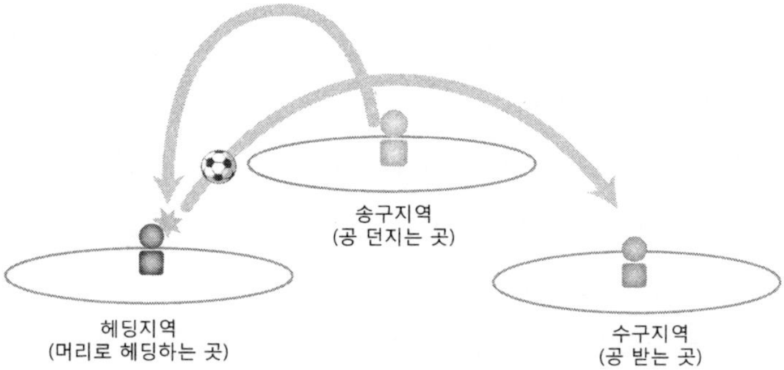

[그림 29-1] 헤딩돌이 게임장

[그림 29-2] 헤딩돌이 게임 장면

4) 활동 방법

- 두 팀으로 나눈다.
- [그림 29-1]과 같이 한 팀은 던지는 사람 1명, 받는 사람 1명, 헤딩돌이 1명으로 구성된다.
- 던지는 사람이 공을 헤딩돌이에게 던지면 헤딩돌이는 받는 사람에게 공을 헤딩해서 넘겨주면 된다.
- 가장 많이 공을 받는 팀이 승리하게 된다.
- 이 게임은 주어진 원 안에서 이루어져야 한다. 원 밖에서 던지거나, 헤딩하거나, 받으면 무효가 된다.
- 3개의 원은 각각 송구지역, 헤딩지역, 수구지역이다.

↘ 팀 내 게임하기

- 팀을 구성한 후 송구지역에 공을 모은다.
- 송구지역에 있는 학생이 공을 헤딩지역으로 높이 던져주면 헤딩돌이는 공을 헤딩해서 수구지역으로 보내고 수구지역의 학생은 공을 손으로 받아 옆에 내려놓는다.
- 공을 모두 던지고 헤딩해서 받은 개수가 점수가 된다.
- 한 게임이 끝나면 각각의 역할을 바꾸어서 다시 한다.
- 여자 학생들이 헤딩하는 것을 두려워하거나 어려워할 경우에는 머리 대신 주먹을 쥐고 공을 쳐서 수구지역으로 보낼 수도 있고 발로 차서 보낼 수도 있다.

↘ 팀 간 게임하기

- 각 팀의 팀장이 모여 가위바위보를 한 후 이긴 학생이 자신의 파트너 팀을 지명한다.

- 토너먼트 게임 상대가 된 팀끼리 서로 게임을 한다.
- 각 팀의 선수가 모두 헤딩을 하여 많은 점수를 획득한 팀이 승리하게 된다.
- 토너먼트 게임에서 이긴 팀은 결선에 진출한다.
- 진 팀끼리 패자부활전을 치르고 결선에 오르게 할 수도 있다.

5) 교육적 효과

- 헤딩을 통해 신체 인지 능력을 향상시킬 수 있다.
- 순발력과 유연성을 신장시킬 수 있다.
- 실제 축구 운동에 전이 효과를 기대할 수 있다.

30 비(飛)거리 게임

1) 개요

순발력, 유연성, 조정력을 통해 리듬감 등을 발달시킬 수 있는 게임이다.

2) 준비물

콩주머니 24개 정도, 라인기

3) 게임장의 모습

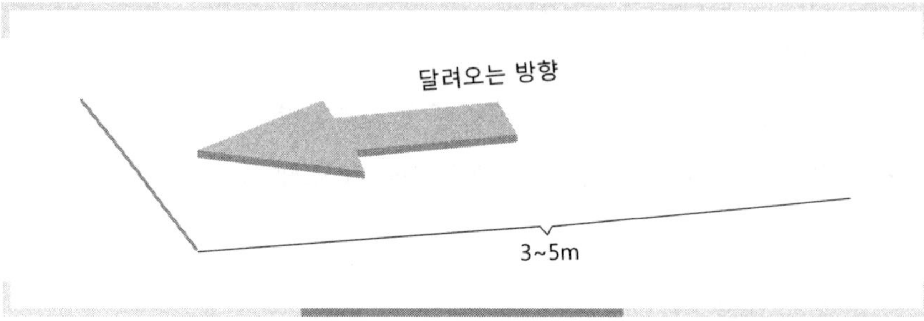

[그림 30−1] 비거리 게임장

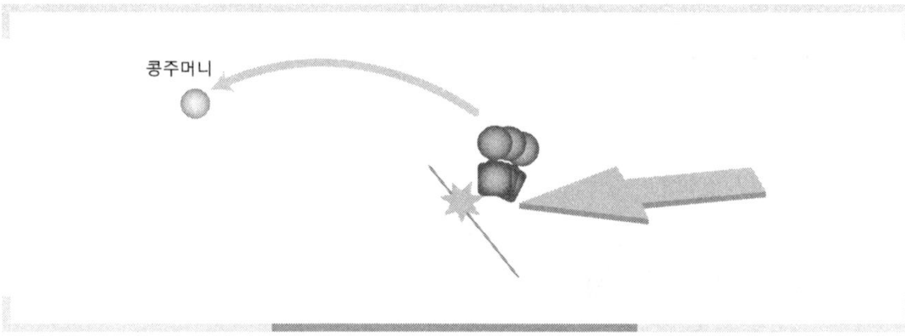

[그림 30−2] 비거리 게임장 모습

[그림 30−3] 비거리 게임에서 물체를 이마에 올려놓고 멀리 보내는 장면

4) 활동 방법

(1) 팀 구성하기

- 한 팀은 3~5명 정도로 구성한다.
- 성별과 운동 능력을 고려하여 팀을 구성한다.

(2) 팀별 연습 활동 및 팀 내 순위 선정 게임하기

- 1개의 콩주머니를 이마나 머리 위에 올려놓고 빠른 속도로 달려 그 속도를 이용하여 정지선 안에서 콩주머니를 멀리 보낸다.
- 정지선을 밟거나 넘어가면 실격 처리된다.
- 콩주머니를 멀리 보낸 순서로 순위를 정한다.

(3) 팀별 게임하기

- 각 팀의 1위가 출전하여 1개의 콩주머니를 이마나 머리 위에 올려놓고 같은 방법으로 게임을 한다.
- 정지선을 밟거나 넘어가면 실격 처리된다.
- 콩주머니를 가장 멀리 보낸 순서로 팀 순위를 정한다.
- 각 팀별 순위자끼리 게임을 진행할 수도 있다(예를 들면 각 팀 1등끼리, 2등끼리).

↘ 유사 게임

- 무릎, 발등에 콩주머니 올려서 멀리 던지기
- 콩주머니를 머리나 무릎 위 또는 발등에 놓고 목표물에 던져서 넣기

5) 교육적 효과

- 운동의 법칙을 자신의 신체 활동을 통해 이해하고 적용할 수 있다.
- 순발력과 유연성을 신장시킬 수 있다.
- 실제 축구 운동에 전이 효과를 기대할 수 있다.

31 가마타기(장애우 과제 해결하기)

1) 개요

- 장애우를 배려하는 활동을 통해 여러 가지 다양한 장애물을 극복할 수 있는 문제해결력을 기르는 게임이다.
- 근력, 유연성, 조정력, 협동심 등을 기를 수 있는 게임이다.
- 일반적인 게임의 목적이 이기는 것에 있는 반면, 이 게임은 안전하게 장애물을 통과하는 것이 목적이다.

2) 준비물

의자, 뜀틀, 평균대, 허들, 콘, 훌라후프 등 학교에서 쉽게 구할 수 있는 기구

3) 게임장의 모습

[그림 31－1] 가마타기(장애우 과제 해결하기) 게임장

[그림 31－2] 가마타기(장애우 과제 해결하기) 게임 모습

[그림 31-3] 가마타기(장애우 과제 해결하기) 게임 장면

4) 활동 방법

- [그림 31-2]와 같이 한 팀은 3명으로 구성한다.
- 2명은 손으로 가마를 만들고 1명은 그 가마에 탄다.
- 팀별로 가마를 만들고 타는 연습을 실시한다.
- [그림 31-3]과 같이 교사가 사전에 준비한 여러 장애물을 통과하여 가마에 탄 팀원을 안전하게 보호하며 돌아온다.

5) 교육적 효과

- 문제 발생 시 해결하기 위한 의지력을 기를 수 있다.
- 친구들과의 신체 접촉을 통해서 활동이 이루어지기 때문에 책임감을 증대시킬 수 있다.
- 타인에 대한 배려 능력을 기를 수 있다.

32 제기 골프

1) 개요

골프형 게임을 통해 제기차기 연습을 하고, 다리의 근지구력과 협응력 및 조정력을 기른다.

2) 준비물

제기 4개(팀의 수에 따라 1개씩), 라인기

3) 게임장의 모습

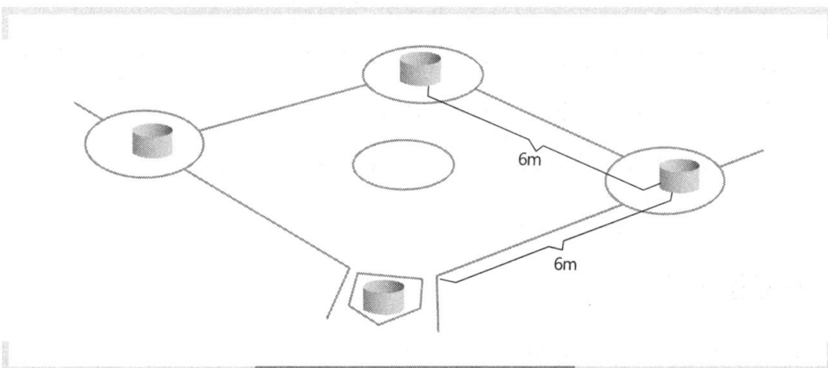

[그림 32-1] 제기 골프 게임장

[그림 32－2] 제기 골프 게임 장면

- 야구구장처럼 홈과 1루, 2루, 3루가 있다.
- 홈과 1루, 2루, 3루를 연결한 모양은 정사각형이다.
- 홈과 1루, 1루와 2루, 2루와 3루 사이의 거리는 6m다. 이 거리는 상황이나 능력에 따라 조절할 수 있다.
- 홈과 1루, 2루, 3루는 지름이 2m인 원의 중심이다.

4) 활동 방법

- 개인별 또는 팀별 게임이 가능하다.
- 각각 자신의 기록을 적는다.
- 점수를 매기는 방법은, 한 루씩 이동할 때 제기를 차서 통에 넣기 전에 땅에 한 번 떨어뜨리면 2타, 두 번 떨어뜨리면 3타, 한 번도 떨어뜨리지 않으면 1타로 계산한다.
- 중간에 제기를 떨어뜨리면 그 자리에서 1타가 추가되고, 이어서 제

기를 계속 찬다.

- 홀의 크기는 50cm로 한다.
- 게임 규칙은 골프의 게임 규칙에 따른다.

5) 교육적 효과

- 제기 골프를 통해서 골프 게임을 이해하고 실제 골프 게임에 관심을 갖게 한다.
- 공간 감각 능력과 물체와의 관계 인지 능력을 향상시킬 수 있다.
- 게임 전략을 통해 사고력을 신장시킬 수 있다.
- 집중력을 키워 다른 운동에 전이할 수 있다.

33 입으로 비닐 날리기

1) 개요

공간지각력, 조정력, 심폐 지구력, 민첩성을 기를 수 있는 게임이다.

2) 준비물

비닐 팩, 초시계

3) 게임장의 모습

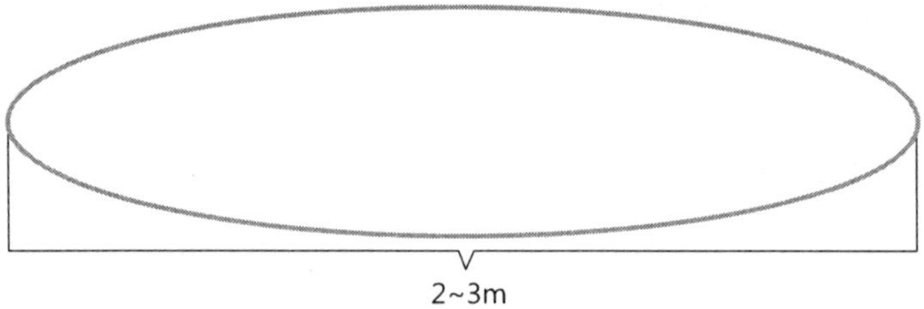

[그림 33-1] 입으로 비닐 날리기(1단계) 게임장

[그림 33-2] 입으로 비닐을 날리는 장면

4) 활동 방법

(1) 팀 만들기

• 학급의 인원을 적당히 나눠 팀을 구성한다.

- 한 팀은 최소 4명에서 최대 6명까지 구성할 수 있다.

(2) 1단계 게임(개인 게임)

- [그림 33－2]와 같이 심판의 호루라기 신호에 따라 각 팀의 선수들은 비닐을 하늘로 향하여 입으로 분다.
- 자신의 비닐을 계속 불어 땅에 떨어지지 않도록 한다.
- 가능한 한 자세를 낮추어 불도록 한다.
- 자신의 비닐이 땅에 떨어지면 게임장 밖으로 나간다.
- 최후까지 남은 학생이 속해 있는 팀이 이기고 점수를 얻는다.

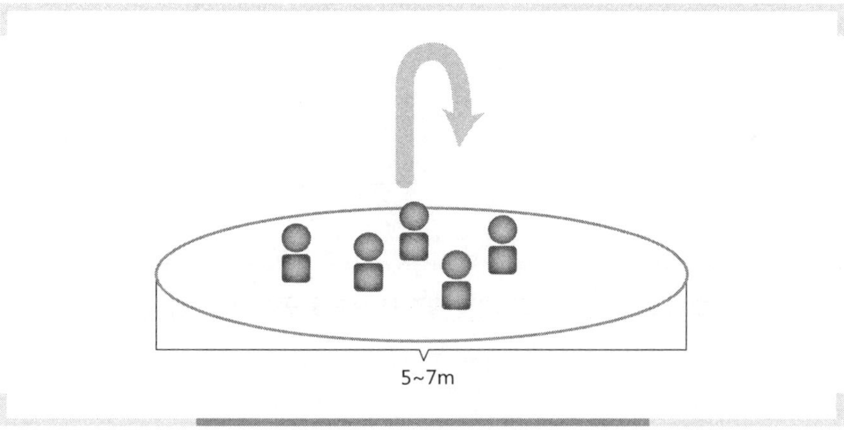

[그림 33－3] 입으로 원 안에서 비닐 날리기

(3) 2단계 게임(팀 게임)

- 2단계 게임은 [그림 33－3]과 같이 비닐 하나로 팀원 전체가 참여한다.
- 심판은 초시계를 준비한다.
- 한 팀이 나와서 둥글게 원을 만든다.

• 팀원 중의 한 학생만이 비닐을 잡고 있는다.
• 비닐을 잡고 있던 학생이 비닐을 불어서 날린다.
• 비닐이 가는 방향에 서 있는 다른 팀원이 비닐을 불어서 날린다.
• 같은 방법으로 계속해서 비닐을 날려 가장 오랜 시간을 날린 팀이 이긴다.
• 심판은 초시계로 시간을 잰다.

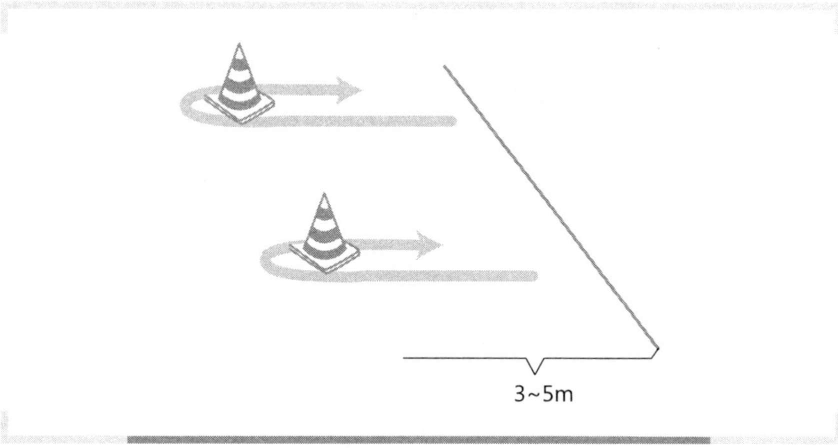

[그림 33－4] 입으로 비닐 불면서 목표물 돌아오기 게임장

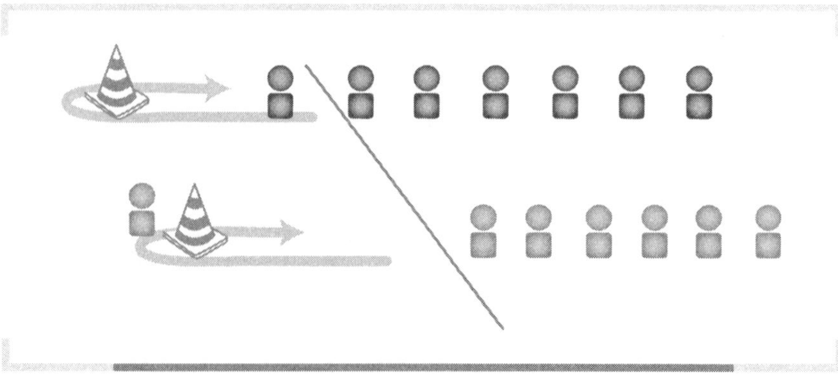

[그림 33－5] 입으로 비닐 불면서 목표물 돌아오기 게임 모습

(4) 3단계 게임(릴레이 게임)

- 3단계 게임은 팀별 릴레이다.
- [그림 33－5]와 같이 팀별로 줄을 선다.
- 첫 번째 주자는 비닐을 가지고 출발 준비를 한다.
- 호루라기 소리에 따라 비닐을 입으로 불어 하늘로 날리며 반환점을 향해 출발한다.
- 비닐이 땅에 떨어지면 떨어진 자리에서 다시 시작하여 비닐을 날리며 반환점을 돌아온다.
- 마지막 주자가 먼저 들어오는 팀이 이긴다.

5) 교육적 효과

- 학생들의 공간 감각을 길러줄 수 있다.
- 집중력을 향상시킬 수 있다.
- 공기와 물체와의 관계를 인식할 수 있다.
- 심폐 지구력을 향상시킬 수 있다.

34 비석치기

1) 개요

몸과 물체의 협응력, 물체를 정확하게 던져서 맞출 수 있는 조정력을 기를 수 있는 게임이다.

2) 준비물

라인기, 비석으로 사용할 넓적한 돌 또는 나뭇조각, 비석치기 달인 인증 메달

3) 게임장의 모습

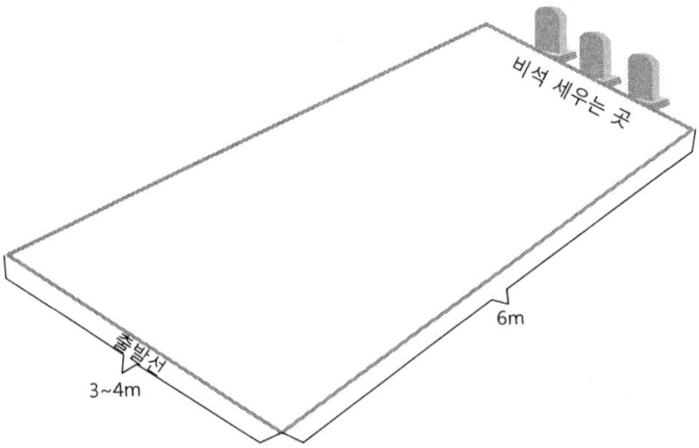

[그림 34-1] 비석치기 게임장

[그림 34-2] 비석치기 게임 장면

4) 활동 방법

(1) 단계별 수행 방법

- 1단계(발등): 발등 위에 망(돌 또는 나뭇조각)을 올려놓고 이동하기
- 2단계(토끼뜀): 망을 발목 사이에 끼우고 깡충깡충 뛰어서 이동하기
- 3단계(오줌싸개): 망을 무릎 사이에 끼우고 엉거주춤 어기적거리며 이동하기
- 4단계(백사장): 망을 배 위에 올려놓고 이동하기

- 5단계(손등): 망을 손등 위에 올려놓은 후 팔을 곧게 뻗고 이동하기
- 6단계(신문팔이): 망을 겨드랑이 사이에 끼우고 이동하기
- 7단계(어깨): 망을 어깨 위에 올려놓고 이동하기
- 8단계(턱): 망을 턱 밑에 끼우고 이동하기
- 9단계(머리): 망을 머리 위에 올려놓고 이동하기
- 10단계(기도): 두 손을 손바닥이 닿게 모은 후 두 검지 위에 망을 올려놓고 이동하기

(2) 기본 기능 탐색하기

- 비석치기 놀이를 하기 위한 기초 기능 습득 단계의 활동이다.
- 팀을 구성하지 않아도 된다.
- 학급의 학생들을 4열 횡대로 세운 상태에서 간단한 설명을 한 후 바로 진행한다.
- 학생들에게 비석을 나누어 준다.
- 비석을 받은 학생들은 1단계 활동인 발등 단계를 수행한다.
- 발등에 비석을 올려놓고 선생님의 시작 신호에 따라 비석이 땅에 떨어지지 않도록 살며시 목표 지점까지 이동한다.
- 중간에 비석이 떨어지면 비석을 주워서 자기 줄의 맨 뒤로 가서 선다.
- 성공한 학생들은 합격자 구역에서 선생님이 나누어 주는 비석치기 달인 인증 메달을 하나 받고 자기 줄의 맨 뒤로 가서 선다.
- 비석치기 달인 인증 메달은 디자인과 크기 등을 고려하여 교사가 임의로 제작한다.
- 둘째 줄의 학생들이 선생님의 시작 신호에 따라 발등 단계를 수행한다.
- 같은 방식으로 학급 학생들 모두가 수행한다.
- 2단계 활동인 토끼뜀 단계를 같은 방식으로 진행한다.

- 1, 2 단계 활동이 끝나면 가장 많은 비석치기 달인 인증 메달을 갖고 있는 학생들을 일어나게 하여 칭찬해 준다.
- 전체 학생들에게 3단계 오줌싸개 활동을 하도록 한다.

(3) 팀별로 연습하기

- 3~10단계까지의 활동을 팀별로 연습한다.
- 연습과정에서 잘하는 순서로 팀 내 순위를 정한다.

5) 교육적 효과

- 신체와 물체와의 거리 인지 능력이 향상되고 정확한 타구감을 신장시킬 수 있다.
- 공간지각 능력을 신장시킬 수 있다.
- 신체의 역학적 원리를 이해할 수 있다.

참고문헌

강문희, 장연집, 문미옥, 최석란, 조은진(2003). 학생학의 이해. 파주: 양서원.

강선보(1987). 놀이와 문화. 서울: 계동문화사.

강신복(1987). 체육과교육 (1). 서울: 한국방송통신대학출판부.

강위영(1992). 놀이 치료. 서울: 도서출판 특수교육.

강은영(1998). 놀이를 통한 통합적 조형 활동의 필요성과 지도방안. 한국교원대학교 대학원 석사학위 청구논문.

강호감(1999). 아이의 창의력은 손으로부터 시작된다. 서울: 시간과 공간사.

교육대학 교재연구회(1978). 학생발달과 교육. 서울: 학문사.

교육대학 사회과 교육연구회(1985). 사회과 교육의 이론과 실제. 서울: 한국도서관협회.

교육부(2003). 교사용 지도서 체육 5. 서울: 대한교과서주식회사.

권영심(1982). 국민학교 학생의 사회성 측정적 지위와 관련 변인에 관한 분석연구. 연세대학교 대학원 석사학위 청구논문.

김광웅(1990). 유아생활지도. 서울: 학문사.

김기웅, 곽은정(1996). 유아 및 학생체육. 서울: 보경문화사.

김도수(1996). 게임 유형이 초등학교 학습자의 정의적 영역 발달에 미치는 영향. 한국교원대학교 대학원 석사학위 청구논문.

김두희(2003). 유아체육이 유아들의 사회 · 정서 발달에 미치는 영향. 신라대학교 대학원 석사학위 청구논문.

김명조(1980). 체육사회학. 부산: 제일문화사.

김미진(1988). 교사의 강화행동이 학생의 사회성에 미치는 영향. 연세대학교 교육대학원 석사학위 청구논문.

김미한(1996). 역할 놀이 수업이 학생의 사회성에 미치는 효과. 건국대학교 사회과학대학원 석사학위 청구논문.

김민성, 문익수(1993). 놀이의 형태에 따른 학생들의 심리 · 정서적 반응에 관한 연구. 한국여가레크리에이션학회지, 10, 단일호, 76-88.
김성태(1976). 발달심리학. 서울: 범문사.
김성희, 허혜경(2002). 유아발달. 파주: 교육과학사.
김수언(1999). 초등학생의 체육활동이 좌우뇌 발달에 미치는 효과. 경기대학교 대학원 석사학위 청구논문.
김연주(2000). 뇌의 기능 분화와 창의성과의 관계. 우석대학교 대학원 석사학위 청구논문.
김유미(2002). 두뇌를 알고 가르치자. 서울: 학지사.
김인혜(1996). 놀이학습 프로그램이 초등학교 학생의 사회성에 미치는 영향. 한국교원대학교 대학원 석사학위 청구논문.
김재은(1971). 교육·심리 사회 연구 방법. 서울: 익문사.
김종만(1996). 아이들 민속놀이 100가지. 서울: 우리교육.
김지수(1998). 유아의 기질과 운동 능력에 관한 연구. 연세대학교 대학원 석사학위 청구논문.
김학수, 이윤수(1975). 생활지도 진단검사(초등학교 고학년). 서울: 중앙적성연구소.
김현의(2000). 발달에 적합한 체육교육 프로그램이 유아의 지각-운동 능력에 미치는 효과. 계명대학교 석사학위 청구논문.
김희숙(1989). 역할놀이 활동이 학생의 사회성에 미치는 영향. 이화여자대학교 교육대학원 석사학위 청구논문.
나카하라 히데오미, 김종성(2003). 뇌력사전. 서울: 베텔스만.
남궁원(1987). 놀이지도의 이론과 실제. 서울: 학문사.
남현숙(1995). 학생을 위한 교육과정에서의 놀이 개념과 질적 연구 접근. 한국교육논총 제7집. 서울교대초등연구소.
놀이연구회(1991). 가슴 펴고 어깨 걸고 1. 서울: 우리교육.
루돌프 슈타이너 교육예술협회(1996). 발도르프 교육, 44차 유네스코 국제교육회의 자료.
문교부(1990). 특별활동. 서울: 대한교과서주식회사.
박병권(2005). 유아의 신체 발달이 뇌 발달에 미치는 영향. 서울산업대학교 대학원 석사학위 청구논문.
박용헌(1985). 인간의 사회화와 교육. 서울: 서울대학교 출판부.
박원임(1990). 레크리에이션 연구. 서울: 금광사.

서지영, 문익수(1994). 집단게임 평가 척도의 개발과 타당화 연구. 한국스포츠심리학회지, 5(1), 59-74.

석태종(1993). 교육사회학. 서울: 형설출판사.

송원일(1962). 사회심리학 개론. 서울: 제동문화사.

안미원(1997). 초등학교 학생의 놀이유형 선호도와 사회성과의 관계. 공주대학교 교육대학원 석사학위 청구논문.

오장길(1996). 학생의 스포츠 활동 강화가 집단 응집력과 사회성에 미치는 영향. 한국교원대학교 대학원 석사학위 청구논문.

요시마스 준히치(1999). IQ와 EQ를 높이는 86가지 스포츠 이야기. 서울: 일송미디어.

원영신, 윤용진(1998). 유아 및 학생을 위한 움직임 교육의 이론과 실제. 서울: 다음세대.

유효순(1992). 학생발달. 서울: 창지사.

윤읍석(1987). 놀이와 사회성 발달과의 상관연구. 성신여자대학교 교육대학원 석사학위 청구논문.

이규호(1990). 인간의 사회화와 사회의 인간화. 서울: 배영사.

이만석(2002). 학생의 신체활동 참여가 정서 지능 발달에 미치는 효과. 한국체육대학교 대학원 석사학위 청구논문.

이병진(1990). 초등교육학 개론. 서울: 문음사.

이상노(1979). 성격과 행동의 지도. 서울: 중앙적성출판사.

이성고(1983). 체육원리. 서울: 형설출판사.

이육범(1993). 단체 게임 활동이 학생 집단의 응집력 및 사회성과의 관계. 한국교원대학교 대학원 석사학위 청구논문.

이정숙(1989). 유아놀이에 대한 부모의 인식 및 태도에 관한 연구. 원광대학교 대학원 석사학위 청구논문.

이춘희(1999). 창의적 유아동작교육. 서울: 동문사.

임규혁, 이차숙(1987). 발달심리학. 서울: 집문당.

정경미(2001). 유아체육 프로그램이 정서지능에 미치는 효과 연구. 고려대학교 대학원 석사학위 청구논문.

정범모(1971). 인성검사요강(국민학교 고학년용). 서울: 코리안 테스팅 센터.

정성태 외 2인(1988). 체육과교육론. 서울: 갑을출판사.

정수자(1979). 학생의 사회성 발달에 대한 비교 연구. 이화여자대학교 교육대학원 석사학위 청구논문.

정원식(1968). 인간과 교육. 서울: 배영사.

지성애(1994). 유아놀이지도. 서울: 정민사.

최영옥(1981). 학령전 학생의 집단상황 놀이에서 나타난 사회성 발달에 관한 연구. 연세대학교 교육대학원 석사학위 청구논문.

한국교육개발원(1988). 국민학교 교사용 지도서. 서울: 문교부.

한국행동과학연구소(1983). 놀이지도. 서울: 국정교과서주식회사.

한장환(1996). 자기 주장성 수업이 학생의 사회성 및 학습태도에 미치는 효과. 한국교원대학교 대학원 석사학위 청구논문.

허천, 강선보(1984). 한국학생의 놀이에 관한 연구–강원도와 경상도를 중심으로–. 강릉대학교.

Bruner, J. S. (1975). Play is serious business. *Psychology Today, 2,* 85–86.

Frost, J. L., & Klein, B. L. (1979). *Children's Play ad Playgrounds.* Boston: Allyn & Bacon.

Froebel, F. (1887). *Education of Man.* NY: D. Appleton and Company.

Garvey, C. (1977). *Play.* Cambridge, Mass: harvard University Press.

Good, C. V. (ed.) (1973). *Dictionary of Education* (3rd ed.). NY: McGraw–hill co.

Hannaford, C. (1995). *Smart Moves.* Virginia: Freat Ocean Publishers.

Hurlock, E. B. (1978). *Child Development.* New York: McGraw–Hill Book Co. Inc.

Jesen, E. (1996). *Brain–Based Learning.* CA: Turning Poit Publishing.

King, N. R. (1982). Work and Play in the classroom. *Social Education, 46,* 110–113.

Neuman, E. A. (1971). *The Element of Play.* Unpublished doctoral dissertation, University of Illinois.

Piaget, J. (1932). *The Moral Judgement of The Child.* New York: Free Press.

Piaget, J. (1962). *Comment on Vygotsky's Critical Remarks Concerning the Language and Thought of the Child and Judgement ad Reasoning in the Child.* Cambridge, Mass: M.I.T. Press.

Read, K. H. (1971). *The Nursery School: A Human Relationship Laboratory.*

London: W. B. Sander, Co.

Richardson, S. (1996) Tarzan's little brain. *Discover Magazine, 17,* 100–102.

Seefeldt, C. (1974). *A Curriculum for Child Care Centers.* Ohio: Charles E.Merrill Publishing Co.

Weininger, O. (1979). *Play and Education: The Basic Tool For Early Childhood Learning.* Springfield: Charles C Thomason Publisher.

찾아보기

| 저자 소개 |

■ 조한무

한국체육대학교 대학원 체육교육전공(이학박사)
한국초등체육학회 및 한국홀리스틱교육학회 회장, 한국체육측정평가학회부회장
현 경인교육대학교 체육교육과 교수

〈주요 저서〉
수행평가를 위한 포트폴리오 평가(교육과학사, 1998)
수업의 길라잡이(공저, 학문출판주식회사, 2001)
체육과 수행평가(학문출판주식회사, 2002)
홀리스틱 교육의 원리와 방법(공저, 엘리트, 2002)

■ 조성익

경인교육대학교 교육대학원 초등체육교육전공(교육학석사)
현 인천마곡초등학교 교사

〈논문〉
사회적 구성주의 관점에서 초등체육수업방법 분석(2001)

■ 이성진

경인교육대학교 교육대학원 초등체육교육전공(교육학석사)
현 시흥월곶초등학교 교사

〈논문〉
구기 수업에서 협동학습과 경쟁학습의 비교(2004)

■ 이효신

경인교육대학교 교육대학원 초등체육교육전공(교육학석사)
현 부내초등학교 교사

〈논문〉
반성적 교수가 초등학교 체육수업에 미치는 영향(2006)

경인교육대학교 특성화사업단
C-멘토링 총서 6

뇌 발달을 위한 신체놀이

2010년 1월 7일 1판 1쇄 인쇄
2010년 1월 12일 1판 1쇄 발행

지은이 • 조한무 · 조성익 · 이성진 · 이효신
펴낸이 • 김진환
펴낸곳 • (주) 학지사
121-837 서울특별시 마포구 서교동 352-29 마인드윌드빌딩 5층
대표전화 • 02)330-5114 팩스 • 02)324-2345
등록번호 • 제313-2006-000265호

홈페이지 • http://www.hakjisa.co.kr
커뮤니티 • http://cafe.naver.com/hakjisa

ISBN 978-89-6330-106-8 94370
978-89-6330-100-6 (set)

정가 12,000원

부록(수업용 PPT)은 학지사 홈페이지 가입 후 부록자료실에서 다운로드 가능합니다.